时尚设计文化（简体字版）

Fashion Design Through Cultures (written in simplified Chinese characters)

张爱科/赵瑞洁

British Library Cataloguing-in-Publication Data. A CIP catalogue record for this book is available from the British Library.

ISBN 978-1-915884-17-6 (ebook)
ISBN 978-1-915884-16-9 (print)

内容摘要

时尚设计目前仍是中国的艺术门类下发展较为薄弱且与国际水平差距较大的艺术类专业，有鉴于此，《时尚设计文化》从人才培养的基本需求出发，利用前沿理论，联系行业实际，一定程度上，具有很强的前瞻性和实用性。

《时尚设计文化》选材新颖，案例典型，内容详实，在多元视域下，将时尚设计系统化，并以科学方法归纳其基本理论。

前言

《时尚设计文化》在借鉴国内外学者研究成果的基础上，深入挖掘中国时尚设计文化的丰富内涵，主要由以下两条线索出发：

一、从中国时尚设计文化的历史方面入手

这方面的研究主要涉及中国时尚设计文化的起源与发展，继承与革新，以及受到多民族时尚设计文化影响所产生的转型与融合。具体来说，从制度文化和精神文化两个层面来梳理中国时尚设计自古代手工业至今所经历的变迁。着眼点是时尚设计文化在历史进程中所积淀下来的理论形态。

. . .

二、依据时尚设计文化的理论，研究从时尚设计创作到时尚设计作品，再到时尚设计欣赏的整个系统。

以上两条路线互为研究经纬，形成较为完整的时尚设计学研究体系。

与此同时，中国时尚设计文化不仅满足了中国人物质世界的需求，也潜移默化地改变着中国人的内心。通过对中国时尚设计文化与时尚设计文学、时尚设计影视的关联性研究，有助探讨时尚设计发展如何影响人们的心灵与思考。

为了更多视域地探讨中国时尚设计文化这个议题，《时尚设计文化》一书参考了国内外多领域学者专家的专著与论文，在此，对这些学者专家表示由衷的敬意与感谢。

虽然作者潜心研究，但仍有诸多不足之处，尤其艺术设计学科在学术界的不断努力下已经越来越完善，《时尚设计文化》的笨拙之处可见一斑，我等感谢读者的批评指正。在此，愿我国时尚设计在国家留学基金委的大力扶持下能涌现更多"头脑型"的时尚设计人才，同时在多方的合力下发展得越来越好，从而反哺于我国的艺术设计产业领域。

推荐语（按姓氏拼音字母排序，排名不分先后。）

一、韩国弘益大学——李振戬博士

如果你对中国时尚设计文化感兴趣并且想要更深入地了解它，那么我推荐这本书给你——《时尚设计文化》。这是一本独特而有见地的书籍，涵盖了不同角度和领域的内容，包含了多种形式的讨论，如案例研究、历史分析、市场调研和理论探讨等。从传统文化到现代时尚，从民族特色到国际化元素，该书将全方位地介绍区域性时尚设计文化的多重表现形式和内涵。

总的来说，这本书非常适合那些对中国时尚设计文化感兴趣的人们，无论是学生、教育工作者还是业内人士。它不仅提供了全面的视角和深刻的见解，而且还为读者提供了一个更广阔的视野，让人们更好地理解中国时尚设计文化的独特魅力和潜力。

二、盛源心理咨询工作室（含中国香港、台湾地区，马来西亚华人社区）主理人、企业EAP高级执行师——许盛源导师

《时尚设计文化》这本书的多元视角展现了中国独有的文化特点和时尚元素，对于推动中国时尚的发展不可或缺。我相信借助书中探讨的内容，中国时尚界与时尚设计心理学之未来将会越来越美好，更具优秀的文化内涵和艺术品味，符合受众消费的心理与期待。

三、中国长春市阿金尼教育咨询有限公司——徐源校长

《时尚设计文化》这本书是由张爱科和赵瑞洁合作编写的一本书，主要探讨多元视角下的中国时尚设计文化。该书从多方面剖析了中国时尚设计的发展历程、表现形式以及在多元文化环境下的独特特点。同时，该书还对中国时尚

文化的未来趋势进行了分析，旨在帮助读者更清晰地认识中国时尚文化的内涵。

四、金吉列出国留学咨询服务有限公司南京分公司咨询经理——张经纬女士

中国时尚设计文化在推动国内经济和文化方面具有重要作用，不仅为消费群体提供了更加丰富多彩的选择，也为中国文化观念价值的传播贡献了力量。另外，时尚产业还是带动全球经济的重要引擎之一，对于促进国内外文化交流和合作也有着积极的影响。

目录

绪论/系统视域下的时尚设计的基本理论与价值

时尚设计文化是一门典型的、具有交叉学科背景的文化，它可以被看作是横跨时尚设计和文化两个领域的设计文化，并逐渐形成了自己独特的设计内涵与文化魅力。这是一门崭新的学科，之所以这么说它，乃因它不是简单的"时尚设计+文化"，而是在时尚设计和文化深度融合之后，在各层面所衍生出来的新系统、新思维、新模式与新方法，对处于转型升级中的中国工业设计来说，必将开辟一个崭新的学科领域。随着人类社会风尚在潮流时尚化进程中的不断发展，源源不断的时尚设计成果得以产出，在这些时尚设计成果形成的同时，也伴随着人类时尚设计精神财富的产生。人类社会（特别是精英阶层）在时尚设计发展过程中所产生的物质文化和精神文化的总和，体现了时尚设计的一种文化现象、文化成果与文化范式，可以将之界定为时尚设计文化。时尚设计文化随着时尚设计生产活动应运而生，与世界时尚设计化过程相伴而存，它对时尚设计的生产和现代社会的发展起到了重要的风尚示范与潮流引领作用。当前，我国经济发展进入新常态，这加快时尚设计范式的转型，而时尚设计产业的升级也让时尚设计文化更趋成熟稳定。

时尚设计文化对一个国家的发展至关重要，它不止局限在时尚设计生产、技术创新等层面，也是衡量时尚设计竞争力的重要指标之一。

据相关数据统计，我国在2010年正式超越日本成为世界第二大经济体，同年，在时尚奢侈品上的消费也超越日本，成为仅次于美国的全球第二大时尚奢侈品消费国家，并且在2年后正式登顶。在2018年波士顿咨询集团（BCG）和第五版《真实奢侈品全球消费者观察》中，中国时尚设计消费者已经占到全球时尚设计奢侈品市场的32%，到2024年预计上升到40%，报告同时还判断全球时尚设计奢侈品70%的增长将来源于中国的时尚设计需求消费者。

（见https://baijiahao.baidu.com/s?
id=1710387779773908139&wfr=spider&for
=pc）。

时尚设计文化是从人类时尚设计生产活动过程中所衍生或创造出来的，随着不断的变化，它成了社会和时代的产物，也是一份文化遗产。从一个国家和民族的角度来看，文化既需要保持自身的发展特色，也需要不断地吸收外来文化来壮大自己，而时尚设计文化就是在社会的变化运动中，以新发现、新发明、新技术、新产业为变异的源泉，并且在推广的过程中逐步形成新文化。

从时间维度上来说，时尚设计文化在量上不断地积累和延续，在质上也产生变异与区分，进行着"发生、发展、成熟、衰亡、复兴、重构、再生"的统一过程。在这个过程中，只有创新才能适应一浪接着一浪的科技革命和产业变革，同时提升时尚设计生产的效率与质量，增强新技术、新产品的供给能力。创新行为的出现可能会产生模仿，而模仿的结果是获得更多的利益，久而久之形成习惯，最终成为一种文化。换言之，时尚设计文化是人类时尚设计生产活动过程中所创造出来的社会性产物。

时尚设计文化在不同的条件下会形成不同的种类和模式，而其丰富的多样性又会成为时尚设计文化交流、变革和创新的源泉。时尚设计文化虽然呈现出"不同时尚设计群体有不同文化"的特点，但不会因为某个时尚设计群体而分离或者变样，反而以隐形的方式存储于特定的社会群体与组织当中，形成共同的价值观。时尚设计文化同时还具有普适性，这种特性要求时尚设计文化不会因种族、地域和时代的不同而有所区别，它是全人类共有的财富。时尚设计文化的普适性可以理解为文化观念上的某种趋同或文化现象上的某种类似。当下，高科技迅速普及，经济全球化进程加快，使得各个国家生活的差距逐渐缩小，这个变化也让世界的时尚设计文化更加趋同。另外，时尚设计文化的发源和生存空间也与一定的地理生态环境、社会发展环境和时尚设计科技条件等相关联，会在一定的空间内扩散和传播，被一定地域的人们所创造和沿用。

第1节·时尚设计文化的内涵

时尚设计文化的内涵可以从以下五个方面来说：

一、就时尚设计文化的精神性内涵而言

它不仅包含时尚层面，也是一种生活方式和生活场景的设计文化，未来将更侧重于使用者的自我表达，毕竟消费者使用时尚设计产品最主要是因为该产品符合了消费者的生活方式，而不止局限于体现自身的精英感与圈层感，这也是时尚设计品牌想要通过时尚设计所传达的精神。

· · ·

二、就时尚设计文化的物质性内涵而言

人类进行时尚设计化活动的同时，也在改变着人类的物质世界，而另一方面，时尚设计文化也悄然融入现代文明之中。

三、就时尚设计文化发展的过程内涵而言

时尚设计文化是一个连续不断的积累、传承、创新和发展的过程。具体来说，时尚设计文化随着时尚设计的发展不断变化，它是一定的社会和时代的产物，也是一份社会文化遗产。时尚设计文化是人类在时尚设计生产活动过程中所产生的文化，一定程度上，是人在时尚设计生产活动中实现自身发展与完善的原动力，它在产生、发展、传承和创新的过程中具有一定的独立性和稳定性。

四、从一个国家和民族的发展空间内涵角度来看。

时尚设计的文化发展既需要保持自身的特色，又需要不断地吸收外来文化来丰富自己的内涵

。具体来说，时尚设计文化就是在社会的变化运动中不断发展，以新时尚设计文化发现、新时尚设计文化发明、新时尚设计文化技术、从而为新时尚设计文化产业的形成提供具活力的创新源泉。同时， 在新新时尚设计文化技术、新新时尚设计文化概念得到推广的过程中逐步形成新的新时尚设计民族性与国家地域性文化。不可否认，时尚设计文化的这种创新是在继承自身文化的基础上逐渐推进，因为新时尚设计文化的到来需要从继承与革新，创新与发展的内在关联上做总结与拓展。

五、从时尚设计文化创新内涵的维度上来说

时尚设计文化在实践量上积累和延续，并在质上逐渐发展出文化的差异与创新。从"时尚设计文化发生、时尚设计文化发展、时尚设计文化成熟、时尚设计文化衰亡、时尚设计文化复兴、时尚设计文化重构、时尚设计文化再生"的发展过程中，不难看出惟有创新才能跟上科技革命和时尚设计产业变革的脚步。创新不仅能够提升时尚设计生产的效率，还能提升时尚设计产品的质量，同时增强新技术与新产品的供给能力 。

· · ·

总而言之，时尚设计文化在不同的条件下会形成不同的种类与模式，它呈现出来的多样性内涵也成为时尚设计文化交流、变革和创新的源泉 。

第2节•时尚设计文化的价值

时尚设计文化内化于人的心理之中，进而形成一种价值观念。时尚设计文化的价值，其内部要素具有多样性与整体性（单一要素有独立性，但要素与要素之间又有关联性），这反而体现了时尚设计文化的系统性，并进而影响时尚设计文化各类现象的发生、发展和演变。以其系统性特征为依据，我们能够分析时尚设计文化现象的成因和演变趋势，并挖掘特定时尚设计文化现象的多元价值。

时尚设计文化的价值普遍存在于时尚设计文化系统的各个领域中，而时尚设计文化系统普遍认同的某些价值观念、道德规范和行为准则，往往具有超越时间和地域的有效约束力。

时尚设计文化虽然随着时代的发展而发展，具有鲜明的时代特色，但是在不同时代的时尚设计文化中，包含着一些超越时代的普遍文化价值。时尚设计文化以尊重各个领域的文化传统价值为前提，挖掘不同领域文化中的思想资源，建构解决时尚设计发展和社会发展所面临的共同问题的文化体系。

时尚设计文化总体上呈现了地域性文化价值，具体能从时尚设计文化发达地区到时尚设计文化落后地区的流动中看出。这很容易理解，因为任何一种时尚设计文化都是由某一具体的国别地域聚类的，依据地域文化细分，体现时尚设计文化的物质文化、制度文化和精神文化等不同的层面。时尚设计文化从时尚设计文明中孕育，然后在时尚设计创新中发展，一定程度上，时尚设计文化是生产力发展的必然产物。在时尚设计文化流动的过程中，地域性的时尚设计文化逐步走向世界，当时尚设计文化流入某个区域，便具有了浓厚的地域性特征，这种相互沟通与相互渗透，其结果往往是时尚设计强国向时尚设计弱国输出，时尚设计弱国被动接受或者主动学习。地域性的时尚设计文化如果能对世界其他国家的时尚设计文化产生辐射力与影响力，这种时尚设计文化才能被世界各国广泛认同与普遍接受，也才能成为一 种世界性的时尚设计文化。因此，时尚设计文化是以一个整体的系统存在。基于时尚设计基础的共同性和全球化背景下时尚设计的整体性，不同地域间的时尚设计文化会相互融合与交流。随着时代的发展、知识的进步，每种文化都与它相关的文化组合在一起，继而发挥作用，而时尚设计文化正是从原有的文化基础上发展而来，然后在已有的时尚设计基础上对新元素加以发扬，使时尚设计文化具备相互联系的整体性。

就时尚设计文化与时尚技术创新的关联性设计价值而言，时尚设计文化可以引导时尚设计技术的发展方向，并实现时尚设计技术的创新。良好的时尚设计文化不仅能消解对创新和发展的不利因素，同时发挥着信息沟通和交流的作用，形成一种和谐的创新环境。

时尚设计文化的价值还具备功能性和客观性，它的功能性价值主要来自对生产力及生产关系的作用，可以理解为时尚设计文化功能的发挥是时尚设计文化价值的来源，而其客观性价值乃因时尚设计文化的物质层面本身就是一种客

观的存在，当时尚设计制度形成之后，尤为明
显 。

总而言之，时尚设计文化的价值是系统且客观
存在着，除了呈现出地域性文化价值，也与时
尚设计技术创新产生关联。

第3节·时尚设计文化的范畴

目前中国各院校开设的时尚设计文化课程对时尚设计文化的范畴还没有完全系统规范化，具体体现在以下三点：第一、时尚设计范畴文化术语不一；第二、由于时尚设计文化的各个产业链参差不齐，导致时尚设计文化的范畴门类五花八门；第三、时尚设计文化的范畴风格定位模糊庞杂。

就大时尚设计的细分而言，可以利用时尚设计所涉及的商业属类来进行多位细分与概念界定，譬如根据奢侈品管理类高级研修所界定的代表性行业分类主要有：红酒时尚设计类、高奢皮具类、时尚腕表设计类、时尚珠宝设计类、时尚马球设计类、时尚服装设计类、时尚电商设计类、时尚快消品设计类、时尚咖啡设计类

、 时尚高级定制设计类、时尚橱窗艺术设计类
、奢侈品二手交易类等等。

时尚设计文化的范畴又可以分为物质文化形态
范畴和精神文化形态范畴。就时尚设计文化的
物质文化形态范畴而言，它体现在时尚设计的
以下各个环节中：

一、时尚设计创作

时尚设计创作阶段的范畴，具体包括时尚设计
产品设计、时尚设计生产装备工具、时尚设计
生产流水线、时尚设计生产制造工艺、时尚设
计产品质量控制等。

二、时尚设计作品

时尚设计作品阶段的范畴，具体包括建筑、交
通、工艺、美术等产品在时尚设计产物使用过
程中的时尚设计文化表现。

三、时尚设计欣赏

时尚设计产品的制造和使用过程中所得到的反馈评价与欣赏，让时尚设计文化的物质形态范畴得以界定。通过科学与技术、工艺与文化的融合，使得时尚设计产品的形态范畴得以体现。

至于时尚设计文化的精神文化形态范畴而言，它是以时尚设计价值观为核心，是时尚设计文化的重要非物质载体。作为时尚设计化的思想基础和精神动力，时尚设计精神文化包含丰富的人文精神内涵（譬如可持续发展设计内涵、合作精神内涵、契约精神内涵、效率观念内涵、质量意识内涵等），而时尚设计文化的精神文化传播可以通过时尚设计文化文学、时尚设计文化艺术、时尚设计文化影视、时尚设计文化音乐作品等多元形式来进行宣传。另外，时尚设计文化的精神文化范畴也可通过时尚设计博览会和文化旅游来感受和延展其范畴，具体地说，时尚设计博览会（譬如现代花艺设计博览会、时尚宠物用品展售博览会、时尚服饰与配饰设计博览会等）通过欣赏、参观、体验、探讨等模式，可直观地感受到时尚设计文化，而集时尚设计文化遗产观光、时尚设计文化企业考察、时尚设计文化生产线参观、时尚设计文化休闲旅游于一体的时尚设计文化旅游，在弘扬时尚设计文化的同时，也树立了诸多时尚设计文化品牌的形象。

值得注意的是，时尚设计文化企业往往可通过制定战略目标、经营理念、文化核心价值观和行为规范模式等方式，逐步形成自身的时尚设计企业文化，经过文化的不断积淀，最后形成良好的时尚设计文化企业发展模式，借以完善时尚设计文化企业的细分范畴。

由此可见，时尚设计文化的范畴十分丰富，涉及的商业门类也及其广泛。从文化的更高层面来说，时尚设计文化不仅包括人类社会在时尚设计发展的过程中所积累下来的社会物质财富，还包括其他非物质财富，比如精神文明等。简单地说，时尚设计文化通过物质环境文明、精神产品文明、文化活动文明等不同类型的文化载体，从而发展出多元的时尚设计文化。这些多元视域下的不同研究范畴发挥着引导作用，助推了时尚设计文化商业门类的生产活动。

此外，时尚设计文化的分类也有多种角度，既可以把时尚设计文化简单地分为时尚设计物质文化和时尚设计非物质文化，也可以从时尚设计的性质来分。无论从哪个角度，其本质目的都是为了方便我们更加深入地理解和研究时尚设计文化。

从文化性质来看，时尚设计物质文化、时尚设计制度文化、时尚设计精神文化是时尚设计文化存在的三种主要形式，也是构成时尚设计文化结构的重要因素，以下分别介绍：

一、时尚设计物质文化

它是构成整个时尚设计文化的基础，也是人类与自然的物质变换关系的反映，具有很强的时代特点。随着经济的发展和工艺技术的提高，时尚设计物质文化的总体面貌也在不断地改变。

二、时尚设计制度文化

它反映了时尚设计各环节中的不同角色、不同背景、不同需求的人事物与环境的关系。时尚设计制度文化是人的主观意识根据时尚设计文化活动所创造出来的，借以规范人的行为模式和调控时尚设计文化的矛盾，同时引导时尚设计文化的良性发展。

三、时尚设计精神文化

它是人类在时尚设计生产实践中长期育化出来的价值观念，也是时尚设计文化整体的核心部分。时尚设计精神文化中以时尚设计价值观最为重要，通过时尚设计生产活动培养起来的时尚设计价值观决定着时尚设计活动中人们判断和选择行为方向的标准。时尚设计精神文化的发展需要一定的物质载体，它所达到的历史水平应该与时尚设计物质文化的发展水平相适应。

总而言之，借助对时尚设计文化范畴的研究与界定，不仅能够多维度地揭示时尚设计文化与经济发展之间的复杂关系与内在规律，还能帮助时尚设计文化在传承优秀传统文化中不断创新，同时吸收多元背景下多国家和多民族的先进时尚设计文化精华，从而归纳创新的时尚设计价值观和可持续的时尚设计精神。

世界时尚设计视域下的中国时尚设计制度与时尚设计文化思想是重视时尚设计文化历史文脉的延续。具体体现在"传统中国设计元素"。被世界时尚设计领域看在眼中和运用在时尚设计中的"传统中国设计元素"经历了重要的视角转变，利用现代的时尚设计文化的基本功能要求、前沿设计理念、创新手法来表现时尚设计文化传统文脉的形与神，正是延续中国时尚设计制度与文化思想，从而发展中国时尚设计的一个良策。一定程度上，能够让中国时尚设计文化在世界时尚设计文化中逐渐得到尊重，并且逐渐立足 。

小结

总而言之，中国时尚设计的内涵，价值，范畴逐渐被定义。与此同时，中国时尚设计制度与时尚设计文化思想是以时尚设计物质文化、时尚设计制度文化和时尚设计精神文化的形式存在，也是目前研究的重要课题。

第一章/世界时尚设计视域下的中国时尚设计制度与时尚设计文化思想

第1节•中国古代的时尚设计制度与时尚设计文化思想

中国古代的时尚设计制度与时尚设计文化思想的产生与发展伴随着中国设计史的演变，大致可以划分为十个时期（从石器时期对美的时尚原始追求，到清朝工艺精湛且制作精良的时尚设计文化形成），以下分别介绍：

第一个时期——从石器打制时期到石器磨制时期 。

时尚设计的起源是随着传统造物起源的，设计的历史最早可以追溯到人类为了生存而开始劳动，为了劳动的便捷而制作简单的工具开始。具体来说，原始工具的设计已经有了初步的时尚设计追求，即原始工具的设计在满足功能性需求的同时，也加入对更高层次的美的需求，这包含对材料的选择、造型、装饰、色彩以及工艺等时尚文化元素。

原始人的造型设计观念的产生是随着石制工具加工技术的进步而产生，加工技术的进步扩展了石制工具的功能性，同时使其形体也趋于规范化，具有了形式感与美感。磨制和钻孔技术的发展又使原始人逐渐发现石制工具除了形体美之外，还有色彩美、光泽美、质地美、纹理美和装饰美等。

第二个时期——商周时期

此时期是青铜器时代，也是科学技术和艺术相结合的时期。制作青铜器所衍生出来的分工合作、系列化造型设计、批量化的制作方式等，在当时的手工业设计史上是一个重要的突破。

第三个时期——先秦

此时期的各种官府手工业产品已在设计原则、制作工艺和规范上制定了标准，具有"选材美，工艺精良"的设计理念，产品也体现"以人为本，为社会服务"的功能（譬如此时期的时尚车器便是）。

第四个时期——汉代

汉代是中国古代时尚设计文化史上发展的第一个高峰时期，此时期的漆器在生活中被大量使用，逐渐取代青铜器的地位。青铜器虽然在汉代已经逐渐近入尾声，但青铜灯具的设计及其合理使用的功能，还是值得赞赏（汉代的青铜灯具具有优美生动的造型、富丽精致的装饰和做工精良的工艺，成为中国古代灯具设计的典范）。汉代同时也是织染绣品设计和服饰设计全面发展的时期，而符合当时风尚的建筑、家具和室内设计也在汉代取得了突破。值得一提的是——汉代的中国汉字本身就是杰出的、具时尚性的平面设计杰作。

第五个时期——三国两晋南北朝

从三国两晋南北朝开始，中国古代的实用产品进入了瓷器时代。

· · ·

第六个时期——唐代

唐代是中国古代设计史上多元文化广泛交汇融合的时期，瓷器生产规模进一步扩大，生产工艺不断提高，形成"南青北白"的生产格局。与此同时，时尚陶器也大放异彩，其中典型的代表性产品便是"唐三彩"。"唐三彩"以其特殊的使用功能和艺术风采，在设计史上占有一席之地。此外，能体现唐代时尚设计文化特点的还包括金银器、丝织品和时装。唐代时装风靡一时，以华丽多彩著称。在唐代，时尚设计还出现两极分化的现象，表现在漆器上便是——民间漆器仍然是质朴的使用型产品，但宫廷贵族使用的漆器已经从实用性转变为欣赏性。

第七个时期——宋代

宋代的设计已经走向成熟，最典型的特征是时尚设计文化开始走向市场化、商品化和平民化。在当时，宋代民间的手工业时尚产品得到长足的发展，甚至能与官府主导的手工业产品设计相媲美。与此同时，宋代的瓷器产品设计与生产达到了巅峰，产品风格自成体系，表现出时尚的艺术魅力。另外，时尚商标设计和时尚广告设计也在此一时期逐渐成型，具体的形式有：实物式、门楼式、铭记、旗帜式、招牌式、印刷式等。至于时尚家具设计和室内装饰设计方面，宋代也取得不小的成果，比如中国典型的木构架建筑结构、室内家具的整体设计和摆设也在中国宋代臻于成熟。

第八个时期——元代

元代的时尚手工业设计非常繁荣，其代表性作品为元代青花瓷和加金织物，这正是时尚设计融合的代表性产物，融汇了蒙古族和汉民族的时尚文化 。

第九个时期——明代

明代是中国古代各项手工业设计的集大成时期，许多设计产品在当时的世界设计史上处于领先的位置，其中最杰出的代表便是明式家具的设计。明式家具的功能齐全， 具丰富、配套、实用等特性，满足人们居住、贮藏、玩耍、社交的需求。另外，明代也是织染绣品和平面设计的成熟时期。

. . .

第十个时期——清代

清代的设计在前半期还是取得了一些成就，但后半期却随着清朝封建统治的没落而日渐衰败，中国古代的设计发展至此走到了穷途末路。清代设计的最大的问题是缺少了设计与科学技术的结合，导致设计几乎没有创新。

第2节•中国近代的时尚设计制度与时尚设计文化思想

改革开放以来，中国的时尚设计文化产业蓬勃发展，中国时尚设计师和时尚设计品牌为了更好地发展，主要从以下两方面发力：

一、中国制造

中国的时尚设计品牌根植于脚下的土地，在"中国制造"的基础上，用较低的价格去丰富中国人的衣橱，通过自主创新，让国人的时尚设计走向一个新的里程碑。

二、扩大市场份额

企业尝试用具有中国特色的时尚设计文化语言在国际上讲述中国特色的时尚设计故事，扩大时尚设计市场份额，实现传达东方审美文化的目的 。

与此同时，很多中国本土的时尚设计文化品牌也在积极地探索和努力，功不可没。

第3节•中国现代的时尚设计制度与时尚设计文化思想

中国现代的时尚设计，初现端倪的时间并不晚于西方，譬如1920～1930年，上海的现代时尚设计就曾风靡一时，但随着日本帝国主义对中国的大举入侵，中国的时尚商品经济几乎进入停滞状态，连最基本的工业生产都难以为继，更别提与西方发达国家之间的时尚文化交流了，连年的战争窒息了中国现代时尚设计的发展，直至1949 年中华人民共和国成立，由于政府高度重视传统工艺和民间工艺，这才奠定了 20 世纪中叶中国艺术设计重振旗鼓的基调，当然，也包括时尚设计。

20 世纪 80 年代初，改革开放的春风吹遍整个中国大地（当时曾受到西方"后现代主义"思潮的影响，譬如如意大利孟菲斯风、赛博朋克

时尚风等），中国的现代时尚设计与艺术设计
抓住这个机遇，一起迈入繁荣发展的崭新阶段
。随着中国社会大规模的工业化建设，市场蓬
勃发展，人民的时尚水准大幅度提高，加上改
革开放，一些时尚产品及其背后引领的时尚生
活方式开始涌入，使得时尚广告、时尚服饰、
时尚装潢等逐步在大城市立足。

总而言之，中国的现代时尚设计经历百年来的
发展，留下许多难忘的成就与宝贵的经验。

小结

中国时尚设计文化从中国工业文化的思想基调
出发，经历了近代民族轻工业的发展而发展，
在新型工业化思想的引导 下，中国时尚设计也
走上了工业化的道路，并且以科学化的方式向
前发展 。

第二章/比较视域下的中国时尚设计文化与时尚设计精神

中国时尚设计的正式起步始于民国时期，此后，中国人在效仿西方与摸索东方中逐步形成了具中国特色的时尚设计体系。随着中国时尚设计体系的建立，逐渐从"时尚设计中国制造"走向"时尚设计中国智造"。在此过渡期间，时尚设计精神的凝聚显得十分重要，因为时尚设计需要文化自信，所以要从弘扬优秀传统文化中寻找精气神，可惜这个部分目前还未臻完善，这也是今后该加强的地方。

第1节•时尚设计精神的界定

优秀的时尚设计离不开坚实的时尚设计精神作为支撑，全世界的时尚设计发展莫不如此。随着时尚设计化过程的产生和发展，时尚设计精神逐渐凝聚展现。所谓的时尚设计精神是为时尚设计生产活动提供深层次动力和支持的一种时尚设计价值观，它贯穿从事时尚设计的主体、表现在时尚设计行业的运行和时尚设计成果等方面，正如文化之于人，是人的灵魂，时尚设计精神之于时尚设计，也是时尚设计的灵魂。

2008 年，韦桂华在全球品牌网发表文章《重铸"时尚设计精神"气质》，他认为"时尚设计精神的要义包括专业化精神、务实精神和执着精神等。这些要义应当植根于众多中国制造企业的灵魂深处"。汪中求在《中国需要时尚设计精神》一书中指出，时尚设计精神所有行为都必须对未来负责任，其内涵包括合作精神、契约精神、效率观、质量底线、科学观与创新精神、持续发展观、城市精神等（见http://jjckb.xinhuanet.com/2013-09/03/content_465481.htm）。换言之，时尚设计精神在时尚设计的道路上至为重要，因为时尚设计活动离不开时尚设计主体的参与，而时尚设计主体乃时尚设计精神的体现。

在时尚设计的劳动中，时尚设计主体要具有"专注一处的能力"与"主人翁的责任感"，并有极大提高效率的自制力和节俭心。在工作中将个人利益置后，主动关注消费者的需求，主动承担社会责任，多干实事，少说空话，以个人的本职（时尚设计文化工作）推动时尚设计文化企业的发展，进而满足社会对时尚设计文化的需求，一定程度上，是一种甘于奉献的时尚设计文化行业的主人翁精神。所谓的"主人翁精神"，意味着参与时尚设计活动的时尚设计主体在时尚设计活动中以主人翁的责任感和使命感参与时尚设计活动，去追求和实现个人理想，并且自觉制定和遵守工作守则，这是是时尚设计主体尊重自我、规范行为的基本要求。

"时尚设计行业职工守则"是工作主体进行自我教育的公约，是时尚设计主体集体共同遵守的基本思想规范和基本行动准则，可以提升时尚设计主体的个人素质，塑造个人的精神人格，为时尚设计文化活动产生更高的价值。如果时尚设计主体缺少对规则、秩序的执着和坚守，那么团队意识、奉献精神、竞争精神等就很难凝聚起来，显然，这会影响时尚设计活动的良性发展 。

时尚设计主体参与的时尚设计活动，有时就是一个人一生的写照，他们用生命诠释了时尚设计主体的时尚设计精神，譬如中国的很多实业集团便是。 拿中国高铁来说，中国高铁用数年的时间走完了发达国家用数十年才走完的路，创造了世界奇迹，打造了一张中国制造的"国家名片"，这张流光溢彩的名片背后便是中国高铁设计者的时尚设计精神。

在时尚设计进程中，时尚设计革命所带来的机器生产需要各个生产部门的协同合作，在此过程中，集体的协作精神非常重要。虽然每一个时尚设计主体在时尚设计运行中的主观性必不可少，但是这些时尚设计主体又是时尚设计行业运行中的一分子，作为团队的一员，他们需要明确时尚设计师个人和时尚设计团队的目标，明确个人的角色定位和在团队中的作用，各司其职，尽职尽责，分工明确，互相合作，以快速敏捷的运作，有效地发挥角色所赋予的最大潜能，从而推动整个时尚设计文化系统的高效运转。

可见时尚设计运行离不开工业设计机械化生产与团队协作，而在协同合作的过程中，普遍认同和共同遵循的价值取向与行为规范会逐渐形成定式，凝结成时尚设计运行中的时尚设计精神。

时尚设计运行中的时尚设计精神主要存在于合作和生成之中，以一种动态的形式存在，主要包括追求一次到位和剩余价值最大化的效率精神、体现自由意志契约精神和诚实守信精神等内容。效率是社会发展不断追求的目标，是资源的有限和欲望的无限之间矛盾的平衡点。在时尚设计活动中，追求效率是重要的原则，效率是企业经营的基点和管理的核心。对于效率的追求，往往会形成一个衡量的标准，以此来规范效率的时尚设计目标、时尚设计手段、时尚设计过程、时尚设计结果等。效率强调时间的最大化利用，对时间进行管理能够在时尚设计运行中合理分配时间，高效地完成工作任务。

时尚设计运行的同时离不开市场环境，公平的市场竞争能通过优胜劣汰的机制，不断改进市场的配置效率，并迫使企业不断创新与提升效率。人才的培养与工人技能水平的提高是时尚设计效率提升的关键。高校人才与应用技术研究机构的对口合作，高素质的工程师与高技能的产业工人的培养、培训等，都有助于提升中国时尚设计的整体劳动生产率。值得注意的一点是——效率的提升不能突破质量的底线。从诸多中国企业的成长过程中，我们可以发现中国企业从 20 世纪 80 年代末期就已经开始关注日本的精益管理，但经过三十多年的探索和努力，仍然没有在时尚设计运行中很好地践行，也没有转化成文化和习惯渗透到时尚设计运行的进程之中。日本企业精益求精的时尚设计精神不仅是对效率的追求，也是对质量的重视，零缺陷的质量标准使时尚设计效率的追求具有意义，也才能在时尚设计领域中达到领先水平。

与此同时，效率的追求和质量的保证离不开时尚设计运行中的契约精神。契约精神是时尚设计化过程中的必然产物，随着时尚设计化的发展、契约精神以各种形式出现在时尚设计行业的运行之中，可以说，没有契约精神，时尚设计文明就无从谈起。完善的法律制度是契约精神的前提，恰好这些都是中国时尚文化中比较缺失的，也是中国时尚设计文化企业家的弱点。随着中国时尚设计文化进程的发展，中国时尚设计业的契约精神也在逐步完善与弘扬，这离不开"诚信"二字。诚信让时尚设计文化企业得以安身立命，更是发展的根基，这种文化修养是从思想理念到制度建设，再转化为文化习俗，是一个逐渐演进的过程。拿中国近代的徽商为例，徽商取得的巨大成功与其诚信的口碑密不可分，这成为徽商在商场中克敌制胜的"撒手锏"。同样的道理，在时尚设计运行中自觉地遵守诚信，往往会在时尚设计活动中收获最大的利益。这种诚信精神会逐渐转变成一种文化、一种习俗，最后形成一种社会风气，落实到时尚设计文化活动中，即是一种时尚设计精神，可以代代相传，形成品牌和信誉。换言之，时尚设计文化企业既要靠道德法则的支撑和良心的自律，也要靠体制机制的完善和法律的刚性约束，形成时尚设计文化企业运行中的诚信精神，诚如格力电器总裁董明珠所说："所谓'吃亏'就是先付出，再讲获取，不是一味地想着自己的利益，否则社会不可能和谐。我们奉献了自己的价值，人们用我们的产品改善了生活，拥戴你的人才会越来越多。'吃亏'不在于创造了个人财富，而在于创造了社会财富。"

(https://www.yicai.com/news/1157412.html)

毫无疑问，时尚设计精神引导时尚设计主体通过时尚设计运行创造价值。以"德国制造"为例，德国产品已经成为高附加值、精益求精的象征，无论价格高低，基本都具备精密、务实、安全、可靠、耐用等特征。然而，在德国时尚设计制造发展的初期，德国产品是廉价、劣质、低附加值的代名词，当时英美等发达国家就曾严厉批评德国产品的质量粗劣。觉醒后的德国时尚设计文化企业知耻而后勇，抓住国家统一与时尚设计革命的时代机遇，用了近十年的时间，使"德国制造"超越了"英国制造"，当时的德国在钢铁、化工、机械、电气等领域已经涌现出一大批全球知名的企业，以品牌强国形象傲视全球。再看看我们的"中国制造"，中国已经是全球最大的制造国家，但中国产品在世界上却以廉价、低质的形象存在，亟待提升。

因此，在时尚设计运行中，中国时尚设计需要在时尚设计成果中强化质量精神，当前时尚设计产品中的各种质量问题也迫切需要优秀时尚设计文化的引导。

在对产品品质的追求方面，中集（集团）股份有限公司探索出了一条"ONE"的管理模式，建立员工对产品整体的品质观，不仅要在自己负责的岗位上做到最好，还要监督上下道工序，建立"不允许不良品质流入下道工序"和技术创新的思想。此模式先从集团内小范围试点，再到全集团推广，接着开始向外输出。精益ONE模式后来成为中集集团管理升级的主动力，其设计、准备、尝试、实施和优化的全过程颇具样本价值，对于许多深受市场变局和粗放经营双重压力的中国企业，有一定借鉴意义。

(https://www.hbrchina.org/2014-0307/6647.html)

"ONE"的管理模式仅仅是中国时尚设计精神探索之路的一小步，中国时尚设计精神的发展目前依然任重而道远。

总而言之，在时尚设计生产中，当面对相同的时尚设计原料时，必须以质量精神、效率精神为指导，才能更好地发挥蕴含在时尚设计原料中的产业价值。由于时尚设计生产广泛运用机器、人造材料、近代能源等，需要运用到科学管理方法，所以在生产过程中，自然而然体现出尊重科学、重视技术和教育的精神。科学技术成果是时尚设计发展的动力来源，意思是时尚设计发展需要更为实用且先进的时尚设计科技，而科技的进步同时激发人们的积极性和创造性，表现在意识形态和制度方面便是促进自由平等竞争和保护智慧产权。

在时尚设计化的经济总量已经达到相当高水平的今日，中国时尚设计的生产方式（特别是从时尚设计文明角度考察）仍存在重大缺陷。也就是说，中国时尚设计文化企业的发展仍有很长的路要走。

综合以上所述，时尚设计精神的内涵可以理解为在时尚设计化过程中所产生和发展的理性态度和道德文化追求。这种理性态度包含整体系

统意识、合作共赢观念和实证求是等方面的精
神；道德文化追求则包含职业素养、社会责任
、契约意识等方面的内容。另外，时尚设计精
神的外延，与时代精神和民族精神的交汇融合
，当下体现在时尚设计创业精神、时尚设计创
新精神、时尚设计工匠精神三大方面。

第2节•时尚设计职业文化与时尚设计文化创业精神

在当代，时尚设计职业文化已然成为综合国力竞争的一个重要因素，因为它是民族凝聚力和创造力的重要源头。换言之，在国家的时尚设计建设中，拥有良好的职业文化素养就是拥有了时尚设计劳动的竞争力，这是由于人们在长期从事的职业生涯中会逐步形成某种相对固定的价值观念、思维模式以及行为规范，同时，相对应的行业礼仪、习惯、风气等也会形成。在此文化背景下，时尚设计文化创业者在进行时尚设计文化创业的过程中就会受到这些因素的影响。职业文化的核心内容是对职业使命、职业荣誉感、职业心理、职业规范以及职业礼仪的自觉体认和自愿遵从。从理念层次上来说，职业文化对从业者和时尚设计文化创业者所产生的影响是无形的、潜移默化的，但在制度层面上，职业文化却是有形的，意即时尚设计文化的创业精神或隐或显地受到职业文化的制约。

虽然时尚设计文化创业常常是以开创新公司的方式产生，但时尚设计文化的创业精神却不一定只存在于新时尚设计文化企业，一些成熟的组织，只要创新活动仍然旺盛，该组织就依然具备时尚设计文化的创业精神。时尚设计文化创业精神一般应具备创新、激情、积极性、适应性、领导力等性格特征。

时尚设计文化创业可能意味着一切都是从零开始，从无到有、从小到大，逐步形成时尚设计文化业内人人相互尊重的文化氛围及共同的价值观。在这不断前进创造的过程中，种种的压力会不断出现，此时，职业精神的实践尤为重要，它体现在敬业、勤业、精业、创业、立业等五方面。

时尚设计文化创业精神是一种能够持续创新成长的生命力，可以从以下三种方式来进行创新：

· · · ·

一、碳中和

为了应对气候变化，推动以二氧化碳为主的温室气体减排，中国曾提出力争在2030年前让二氧化碳排放达到峰值，并且在2060年前实现碳中和。此"2030目标"的提出，碳中和立刻从一个遥远的美好愿景，变成一个清晰的美好路标。在国家政策利好下，近年来碳捕集、碳利用等减碳技术快速迭代，新能源、储能、碳交易和碳管理等各种解决方案陆续落地，碳中和成为创投市场里最大的热点之一。在此背景下，时尚设计文化创业者更需要关注这个本质。

那么，碳中和时尚设计文化创业的真正机会在哪里？哪些新技术将会在未来有真正广阔的应用前景？如何在不牺牲发展和生活品质的前提下解决碳中和的问题？碳中和又为中国时尚设计文化企业在国际市场中带来了哪些弯道超车的机会？

以上都是值得深入探讨的课题。

二、在个人愿望的指引下，从事创新活动。

时尚设计文化企业家们都有一双锐利的眼睛，能够发现一般人所无法发现的机会、能够运用一般人所不能运用的资源。具有创新精神的时尚设计文化企业家像是一名充满激情的艺术家，能够找到一般人所无法想象的办法，在产品上创新或是在技术上创新、还可能在组织形式上创新。这种敢于冒险的精神，才有可能在时尚设计文化创业中脱颖而出，立于无限风光处。冒险精神是时尚设计文化企业家难得的稀缺资源，从时尚设计文化企业的战略制定与实施，到时尚设计文化企业的生产规模制定，再到新技术的研发和新市场的开辟等，都需要时尚设计文化企业家勇于承担决策的风险。也就是说，时尚设计文化企业家人格中的敢于冒险精神，使其能在创众之中脱颖而出。

三、以群体力量追求共同愿景，从事创新活动，进而创造组织新面貌。

在一个组织内部，集体协作的力量是强大的。随着现代时尚设计文明的发展，社会专业化分工越来越细。有分工就必然有协作，分工与协作已经成为一种趋势。

当今时代，如果缺乏团体协作精神，是不太可能取得较大的成功，只有在沟通中传递信息，在交流中相互学习，才能在工作中不断完善，也才能做得更好。事实证明，一个单位、组织或者部门，不仅要依靠领导的殚精竭虑，还要靠员工的积极参与和响应，如果仅仅依靠某一个或某几个所谓的精英人士孤军奋战，这个团队注定要失败。

越复杂的产品，需要的工序越多，同时，部门与部门之间，个人与个人之间的协调与配合也就越发重要。协作是任何组织存在与发展的基础，同时也是时尚设计化生产的前提。可以说，没有团队协作就没有现代化的生产方式，也生产不出现代汽车、航空母舰、飞机、火箭等产品。正是有精密的协作，时尚设计化组织的分工能愈来愈细化，也就越能实现富有共赢的目标。

真正的时尚设计文化企业家其实是擅长把社会上一些很不相同的人组织在一块儿，形成一个小群体，或者把一盘散沙凝聚起来，这种合作精神是要有非常强的"结网"能力和意识，

时尚设计文化企业的生存与发展，关键在于从内部形成一种凝聚力，最大限度地激发员工的

积极性与创造性，形成积极向上的价值观和道德观，从而获得共同的利益和达成共同的目标，这是时尚设计文化企业成功的必要因素。

另外，时尚设计文化作为集成创新，有以下三个特点：

一、时尚设计文化具有原型或原生材料

也就是说它具有供集成的客体，而供集成的客体不仅可以是同一种类或者相近种类，也可以是比较疏远的种类。

二、时尚设计文化在创作过程中会"消融"在自己的产品中

时尚设计文化作品是一种特殊的审美价值，它和其他审美价值既有联系，又有区别。这种联系和相互作用形成了艺术设计世界内部结构的"形态学脉动"，使艺术设计的疆界不断地产生变化。

· · · ·

三、时尚设计文化通过研究艺术设计，消化吸收后再创新。

这一点与原始创新不同，它的投资风险小，实施周期短， 能够带来巨大的经济效益，有利于培育企业集成创新的能力。

总而言之，时尚设计文化企业要发展，要立于不败之地，就离不开创新，离不开学习的过程，而时尚设计文化企业家在建立时尚设计文化企业、创造财富的同时，也在履行着社会责任和完善自我成长，形成不可替代性的精神财富，这些精神既包括创新、精明、富有远见的开拓精神，也包括敢冒风险、有判断力、充满信心的勇敢精神，还包括乐于学习、敬业、诚实守信的职业精神。

第3节•时尚设计新兴
实践与创新精神

艺术设计的复杂性和变易性可拿美国和欧洲做
例子：美国在艺术设计方面比欧洲起步晚，可
以说，美国艺术设计的形成是欧洲艺术设计美
国化的过程，但从20世纪40年代中期起，艺术
设计开始在美国工业中牢固地扎下根来，这和
美国实现工业自动化不无关系。当时美国时尚
设计文化工业中不仅使用机器和生产流水线，
并且推广科学管理，生产了大量带有艺术设计
印记的产品，对美国公众的审美趣味产生非常
深远的影响。与此同时，美国化的设计也重返
艺术设计的故乡（欧洲），并奠定了欧洲艺术
设计美国化的基础。

时尚设计文化综合了艺术活动、技术活动、设
计活动和生产活动等多种实践领域，考虑到消

费者的各种需求和价值取向，艺术设计理论也要综合有关的知识领域，包括哲学、社会学、美学、艺术学、经济学、文化学、人体工程学、工艺学等。以这些知识为基础，才能构建自成体系的艺术设计理论。显然，这是一项十分艰巨的任务，要靠许多学者和各领域人才的共同努力才能完成。

时尚设计文化呼唤出新兴实践与创新精神，一定程度上，源于艺术设计的复杂性和变易性，因为艺术设计具有各种类型和各种模式，难以用单一的定义来规范它，这取决于各国社会经济结构和工业发展水平的差异，又取决于艺术设计对象的差异（譬如汽车或灯具、电视或钟表、单一对象或综合对象等）。时尚设计的新兴实践与创新主要表现在五方面：

一、文化创意产业

文化创意产业是一种在经济全球化背景下产生的以创造力为核心的新兴产业，强调主体文化或文化因素依靠个人或团队，通过技术与创意，和产业化相结合。"创意设计"是产生新事物的能力，这些创意设计必须是独特的、原创的、有意义的。也就是说，文化创意设计的核心竞争力是人自身的创造力，由原创激发的"差异"和"个性"是文化创意设计的根基和生命，典型代表是清华大学未来实验室。这个实验室成立于2017年12月15日，是清华大学科研机制改革和推动跨学科交叉的重大举措，以"计算、传播、媒体、艺术汇聚合一"为愿景，通过"原创性、交叉性、颠覆性"的无疆界技术创新，对人类认知、互动、逻辑产生变革，促进人机物融合的社会发展。在此背景下，清华大学未来实验室与中天昊业控股有限公司合作，成立清华大学文化创意设计研究中心(Center for Culture Creative Design, Future Laboratory, Tsinghua University)，将文化创意设计研究应用领域深入合作，具有以下四个特点，在一定区域范围内卓有成效。

(http://thfl.tsinghua.edu.cn)

1、清华大学文化创意设计研究中心有效地探索文化创意设计的核心，具体来说，即是一定程度上探索人未来的创造力以及最大限度地发挥其创造力。

2、清华大学文化创意设计研究中心有效地利用媒介载体，把传统媒体与新媒体的既有共同点结合起来，以人工智能、动画、影视、混合现实等多种形式呈现，最终应用到文化创意产业的建设中。

3、清华大学文化创意设计研究中心有效地评估我国文化与旅游行业碳中和现状，从理论与实践相结合的角度探索双碳背景下我国文化与旅游行业绿色高质量发展模式与科学路径的创新设计研究。

4、清华大学文化创意设计研究中心有效地围绕不同领域人才，开展研究合作，包括大数据时代的人力资源创新与变革、人才测评创新、创新艺术人才发展、大学生创新创业能力综合评价体系等创新设计研究。

二、碳中和战略性的创新创业

碳中和战略性的创新创业是另一种时尚设计新兴实践，一定程度上，是引领国家未来发展的重要力量，譬如2022年第二届智慧城市原创设计展暨智慧城市建设产业博览会便是碳中和文化背景下当下时尚设计文化新兴实践的典型代表。该设计展以"双碳引领，汇智未来"为主题，更好地践行绿色发展理念，围绕着现实空间的环保、安全和可持续发展，通过一系列创意设计，引领新兴智慧低碳的生活方式，共建共享绿色家园。同时，通过展会活动，也为广大设计单位、设计师及高校师生提供了一个专业性与社会性交融的平台，有效促进行业内的交流与互动，共同助力实现"双碳"目标，使城市更加宜居与美好。

三、与时尚设计科技的创新融合

时尚设计科技和时尚设计文化的关系在于时尚设计科技更加倾向于解决时尚设计的技术问题，而时尚设计文化本身则更多关注设计的服务对象——人。另外，时尚设计科技为设计研究的展开提供了新兴手段、新兴思路和新兴实现的途径，而时尚设计文化则是将时尚设计科技新兴研发和时尚设计的科技成果转变为改变人类生活方式的创新性实践活动。一定程度上，时尚设计科技和时尚设计文化的相结合能够成为推动时尚设计新兴实践兴起与进步的重要力量。

目前，时尚设计圈应对人类发展所面临的共同挑战有以下五点：

・ ・ ・

1、服务产业创新升级转型，助力时尚可持续创新的新生态发展。

2、以时尚设计之美为媒介，搭建时尚设计创新平台，引导国际时尚设计的多方跨家合作与交流 。

3、培育我国时尚设计新锐新兴实践后备力量。

4、基于时尚设计传统遗产的继承，推动时尚设计文化领域的革新步伐。

5、促进时尚设计产业的政产学研互动，从而引领全球时尚设计文化发展的未来创新趋势。

可以说，我国的时尚设计科技与时尚设计文化的创新融合正在大步向前，比如"中意青年未来时尚设计大赛"便是有效地强化了时尚设计品牌，联动了时尚设计政产学研优质资源，汇聚了时尚设计的设计创新领军人才，打造了时尚设计的国际设计交流平台，推动了时尚设计的设计创新成果转化，引领了时尚设计的创新文化发展方向；又譬如"AI与服装设计的结合"是时尚设计新兴实践的一个重要方向，它展现出的是人的主观能动性和计算机的强大计算能力的强强联合，既满足服装个性化、多元化的创新需求，又满足自动化、智能化的生产需求，由此将加速生产变革，带来巨大的商业价值和社会效应 。

四、时尚设计文化艺术展览

时尚设计文化艺术展览也是一种时尚设计新兴实践，以"北京国际当代珐琅艺术展"为例，2022年6月8日，展览在中华世纪坛艺术馆综合展厅启幕，以"守正·创新"为命题，共分为"守正经典""礼之重器""时代风韵""华彩世界"等四个板块，集中展示当代珐琅艺术领域的优秀创作与前沿探索，呈现工艺自身的艺术价值与发展潜力，发掘珐琅艺术缘起于当代语境的全新审美命题与学术课题，促进珐琅艺术全领域文化与思想的碰撞。此外，展览中的展品既保留了鲜明的地域特色与民族特性，又具备兼容并蓄的国际视野和与日俱新的时代风格，为珐琅艺术的时尚设计思考、时尚设计创作与时尚设计发展提供了新的可能。

毫无疑问，时尚设计文化艺术展览是一种时尚设计文化的新兴实践，以时尚设计之美为媒，强化时尚设计国际交流，增强了时尚设计文化自信。与此同时，展览还搭建起相关艺术院校、行业企业及从业人员的连接平台，促进了珐琅艺术领域内的资源整合、优势互补与联合互动，是珐琅艺术领域产学研深度融合和艺术赋能的重要体现。

五、时尚设计与文化交流设计周

设计周的宗旨是借助设计作为媒介，促进与世界各国之间的时尚设计与文化交流。以"TopS+2022第三届中韩国际设计周"为例，设计周由设计竞赛、设计工作坊、设计展、设计论坛等四个主要部分组成，宗旨是借助设计为媒介，促进亚洲及世界各国之间的设计与文化交流，同时相互携手，立足新时代，回应新需求，以学术和产业的融合化、国际化、本土化为目标，共同构筑亚洲设计文化共同体，让"TopS+中韩国际设计周"成为沟通中韩两国乃至全球设计文化互通的桥梁，彰显世界各国的设计文化自信 。

中韩国际设计周是中国最具影响力的国际性年度设计类文化交流与研讨活动，其中的"国际青年博士论坛活动"是设计周中的一个特色活动与新兴实践。该论坛致力于为来自全球不同高校及研究所的专家学者们提供多样化的学术平台，目的是用设计促进社会交流，并加强与亚洲乃至世界各国之间的文化、艺术、教育、社会等方面的合作，构建国际化的学术社群平台。

总而言之，时尚设计"新兴实践"是基于时尚设计教育与前沿理念，通过新兴时尚设计的创作理念、作品范式与欣赏理论等，有效研究时尚设计的新兴专业、新兴价值与新兴途径，而以上这些新兴实践都离不开创新精神。

第4节·时尚设计品牌 文化与工匠精神

据相关统计数据，我国民众对于本土时尚设计文化产品的购买力和喜爱程度远不及对欧美品牌的购买力和青睐，他们更愿意购买欧美时尚设计大牌及知名时尚设计集团下具备几十年历史的品牌。一定程度上，这源于对大品牌的信赖并愿意为同等品质商品付出其品牌的溢价（https://www.docin.com/p-2407577128.html）

中国时尚设计文化创新企业正努力从"中国制造"转向"中国智造"，由于我国消费群体对名牌的喜好，"收购和入股海外知名时尚设计文化品牌"成为迈出的一大步，以下列举三个例子：

· · ·

一、2017 年，七匹狼以 3.2 亿元入股法国品牌 KARL LAGERFELD，收购该时尚品牌大中华区的运营权。

(https://f.leikw.com/fashion/vn5116.html)

二、2018 年，复星时尚集团收购法国历史最悠久的高级时装品牌之一 Lanvin，此外集团旗下还拥有另外三个控股品牌，它们是奥地利高端内衣品牌 Wolford、美国奢侈女装品牌 St John 和意大利奢侈男装品牌 Raffaele Caruso SpA。

(https://baijiahao.baidu.com/s?id=1752295754857764129&wfr=spider&for=pc)

三、2019 年，全球氨纶第一品牌美国莱卡 LYCRA 正式被山东如意集团收购。截止目前，该集团已持有法国轻奢服饰集团 SMCP SAS和大中华唯一高端男装集团 Trinity Ltd. 利邦控股有限公司的控股权，前者旗下拥有 Maje、Sandro 和 Claudie Pierlot 三大畅销品牌，后者旗下拥有 D'URBAN、Kent &Curwen 、 Cerruti 1881 、 Gieves &Hawkes 等全球知名男装品牌。此外，山东如意集团还拥有英国品牌 Aquascutum 和瑞士奢侈品牌 Bally。

（见 https://baike.baidu.com/item/ 山东如意科技集团有限公司/8621736）

虽然中国企业对如何管理国际品牌（尤其是高级品牌）尚且需要学习和磨炼，但这些企业资金雄厚，无疑能给这些品牌打一剂强心针，譬如2009 年，意大利品牌 Fila 由于经营不善正在走下坡路，安踏体育把 Fila 的中国商标权及运营业务收入囊中，10 年之后不仅 Fila 重新受到消费者喜爱，安踏体育也成国内市值最高的服饰零售集团，可谓是双赢。总而言之，收购和入股海外知名时尚设计文化品牌，以雄厚的经济实力作为后盾，又拥有国内广阔的市场作为基础，再加上这些国际品牌的知名度，全球时尚产业的下一个巨头出现在中国可能只是时间问题。

毫无疑问，时尚设计文化需要品牌文化，反观国内，国民潮牌的适时出现恰恰迎合这个需求。

崔荣荣教授表示互联网的飞速发展，让网络信息扩散、为"国潮"提供了一个良好的传播环境，老牌国货的转型也为"国潮"的发展提供了源源不断的优质内容，使得当代年轻人对中国传统文化的审美日益认同。

(https://www.sohu.com/a/465763945_100095828)

有了品牌，还需要工匠精神，就品牌可持续创新文化与工匠精神而言，时尚设计的品牌文化和产品的工匠精神有三条进化线：可持续创新时尚奢侈艺术化、可持续创新功能品质科技化、可持续创新复古跨界混搭化。其中的"可持续创新"若放在中国潮牌上，便是时代审美与传统文化的共生，是具有鲜明的历史性、时代性、内容性和故事性的设计；是能引起民族共情共性的怀旧情结设计；是复古怀旧的情绪焕新设计；是具有现代审美的时代特色设计。也就是说，可持续创新的国潮不仅展现国际潮流的创新中国风，也体现了中国传统文化的经典中国风。

可持续创新（Sustainable innovation）对时尚设计文化创新企业的决策很重要，是创新活动和获取竞争优势的核心内容之一。时尚设计文化创新企业要了解产业持续创新的模式规律，增加对持续创新经济价值的认识，培养持续创新能力，消除制度障碍，获取竞争优势。要改变的不仅仅是业务上的设计可持续，同样需要改变的是设计精神和设计价值观上的可持续理念，从而自上而下，从领导到员工、从企业业务到生产的可持续理念的渗透。

小结

时尚设计精神是现代设计文化产业价值通过时尚设计活动折射出来的一种精神风貌。中国的时尚设计在时尚中国制造到时尚中国智造的过程中不断地摸索，通过创新前行。当下，中国时尚设计产业发展的未来之路应在时尚设计精神的引领下，将时尚设计文化建设融入中国时尚文化发展的全过程中。中国的时尚设计精神离不开优秀的中国传统文化，也离不开借鉴国际时尚设计产业发展的宝贵经验，然后以兼收并蓄的态度发扬时尚设计精神，生成符合新时代发展的时尚设计文化新体系和新政策。同时，在时尚设计文化发展的过程中，注意吸收世界时尚设计文化精髓，立足本国时尚设计产业现实，以科技强国的爱国精神，不断更新时代的时尚设计精神，推动时尚设计工业文化的继承与革新。

时尚设计文化创新的流行从来都不仅仅只是艺术传播，它是时尚设计消费品市场加速转型的内在需求，是具有多重属性的时尚设计文化创新商业产业。与此同时，消费者对于时尚设计文化创新产品的选择也是潜在的时尚设计文化创新评价标准。

目前，中国时尚设计文化领域的设计师已经逐渐受到世界瞩目，同样值得被世界关注的是中国时尚设计文化创新企业。当设计师们正努力调整自己，好融入西方的时尚体系时，中国时尚设计文化创新企业也同样蓄势待发。

第三章/分类视域下的
中国时尚设
计行业文化

所谓的"行业文化"，其形成与自身特点和原有的文化基础紧密相关，不仅是实践与理论相结合的产物，也是行业发展与从业者智慧相结合的产物。当行业文化形成的价值观被员工共同认可后，它就会成为一种黏合力，使各个岗位的成员凝心聚力，从而产生一种巨大的向心力。换言之，时尚设计行业文化不仅能引导时尚设计行业成员的价值观及行为取向，还能让他们从内心产生一种高昂情绪和奋发进取的精神。

时尚设计行业文化是各个时尚设计行业在时尚设计活动中所产生的文化现象，在分类视域下，其典型代表包括服饰与配饰时尚设计文化，花艺时尚设计文化，奢侈品时尚设计文化，茶饮时尚设计文化，宠业时尚设计文化，书籍装帧时尚设计文化等。

第1节•服饰与配饰时尚设计文化——可持续时尚设计的典型代表

可持续时尚设计概念在服饰与配饰时尚设计文化领域得到广泛响应，其中的"可持续"被定义为整合经济、环境、道德和社会的形态，并基于以上四方面的综合标准来进行设计，既能满足当代人的多元需要又能够兼顾和保障子孙后代的永续发展。

服饰与配饰时尚设计文化是可持续时尚设计的典型代表，可以分为以下四方面：

一、面料时尚设计文化

指服饰与配饰时尚设计领域中的时尚纺织品面料材质之时尚设计创新，以时尚成衣衣料面料的可持续设计为例，涉及的有：时尚成衣与制衣可持续设计、时尚成衣毛皮衣料可持续设计、时尚成衣衣用皮毛化工可持续设计、时尚成衣衣用皮毛机械可持续设计、时尚成衣皮毛商贸可持续设计、时尚成衣皮毛管理可持续设计、时尚成衣皮革及其制品可持续设计等。

二、服装时尚设计文化

服装时尚设计文化着重艺术性、功能性、技术性、时代性与地域性的结合，兼顾特定场合的需要 。

三、配饰时尚设计文化

旨在创造时尚趋势，同时与美好生活相结合，包括但不限于时尚鞋帽文化、时尚箱包文化、时尚服饰首饰配饰文化等相关领域。

四、印花时尚设计文化

是服务于前三者的时尚服饰与配饰设计的基本装饰元素，比如时尚纺织品印花设计与家用软装纺织品时尚印花设计等。

虽然服饰与配饰时尚设计文化产业给我们带来了很多便利，但也给我们赖以生存的环境带来了不可逆转的影响，譬如服饰与配饰的过度生产和重复利用机制的不完善所导致的浪费与生产过程中所带来的环境污染等。因此，如何减少浪费和污染成了迫切需要解决的问题，也是不可推卸的社会责任。在此背景下，"零浪费时尚"（Zero-waste Fashion）应运而生。

"零浪费时尚"的概念是指在生产过程中很少或根本不产生纺织品废料，它被时尚服饰与配饰设计业界认为是"更广泛的可持续时尚运动"的一部分。然而这并不是一个新概念，早在上个世纪，"时装面料零浪费或接近不浪费"的口号就被提出，各国的民族服饰（譬如日本和服、高丽韩服、印度纱丽和许多国家和地区的传统民间服饰等）都有这样的号召与实践。

如今，"零浪费时尚"作为一种广泛的可持续时尚运动，它的前瞻性与先进性在于从过程的一开始就预想了"创作-作品-欣赏"的全环节，并且做了整体规划。据相关数据统计，时尚设计生产阶段的面料材料浪费率接近15%。所以如果能减少材料面料在使用中的损耗，同时通过有效的机制与激励，提高面料的废弃回收率，何尝不是对可持续服饰与配饰时尚设计的推动？另外，设计师收集使用后的材料面料废物，进行二次运用，从而创造出一件可以媲美或超越传统的服装，也算进一步引领"零浪费时尚"风潮。

那么，如何有效地执行"零浪费时尚"？主要有以下三个环节：

一、零浪费时尚创作环节

通过科学的设计，消除服饰与配饰的无效时尚设计与过度设计。

二、零浪费时尚作品环节

通过有效的技术研发、面料选材和技工培训，让作品呈现精简状态。

三、零浪费时尚欣赏环节

鼓励及引导零浪费时尚，让这股风气弥漫整个社会，并进一步扩展到全世界。

讲到"零浪费时尚"，就不得不提到芬兰，其可持续设计渗透整个国家的各个行业，包括各领域的设计和多元化的设计途径。落实到品牌，可以拿德国的阿迪达斯品牌举例，其产品不仅体现在材质功能的可持续（譬如使用再生环保新材料），同时体现在人们穿着该运动时尚服饰时的积极情绪，从而激发人们在日常运动中的运动力量。

反观我国，时尚设计范式转型同样需要在这样的高度上进行和实践。

总而言之，可持续时尚设计是一个比较大的社会主题和时尚设计方向，不仅已经逐渐渗透到服饰与配饰时尚设计文化的各个领域之中，且无论前沿流行趋势还是时尚设计趋势，都与之有着密不可分的联系，对这方面的研究也成为各界学者不得不列入思考的前沿议题。

第2节•花艺时尚设计文化——生态时尚设计的典型代表

相关研究表明，在人的五感（视、听、触、嗅、味）之中，其感受的深刻程度依次是：视觉设计(37%) > 嗅觉设计(23%) > 听觉设计(20%) > 味觉设计(15%) >触觉设计（5%）。当不同的感官被有效地设计调动起来，就能够使消费者对同一件设计文化产物产生全新的感官体验与设计感受。

(https://www.vyouke.net/3418.html)

花艺时尚设计文化作为生态时尚设计的典型代表，体现了时尚设计文化从业者在多感官时尚服务设计（Multi sensory fashion service design）领域的不懈探索。

所谓的多感官时尚服务设计是指时尚设计师突破传统，排开单一时尚设计推广模式所带来的局限性，从多维感官（视觉、听觉、味觉、嗅觉、触觉）设计入手，从而刺激消费者的感官机能，使消费者更加真实地认识产品。也就是说，多感官服务设计能够更有效地引导消费。

换言之，通过探索多感官服务设计能提高时尚设计的包容性。

随着时代的变迁，生产力不断提高，人们的审美也在不断地变化，加上经济全球化促进了各国之间的文化交流，使得室内设计逐渐融合了各方面的元素，拿时尚设计花店来说，除了利用多感官时尚服务设计，空间设计也越来越趋向生态化和情感化，以下分别述之：

一、生态化

讲到生态化设计，它是当今设计的一个重要趋势，是整合当地自然环境，将场地的自然特征融入到外部和内部的一种设计。这种设计（绿色设计）很早就被提出，也得到了广泛的认可，把它放在花店上，符合生态时尚设计的花店就是利用天然材料和当地的自然生态进行设计，从而形成一定区域的生态时尚设计典范。

二、情感化

时尚设计花店不仅仅只是一个花店而已，它还应该有其独特的展陈态度与情感传递，以花店为媒，引导人们尊重文化、与他人和大自然和谐相处，这是向喧闹的都市传达一种诗意而舒适的方式。

国外的时尚设计花店与生态产业起步较早，建设相对完善，各时尚设计花店的插花流派有其自身特色，所以能精准地提供花艺服务。另外，国外时尚设计花店由旧工厂、旧住宅楼、城堡或庄园等旧式建筑所改造而成的案例也可借鉴，譬如英国的ANNA 花店便是。此花店在提供花艺服务的同时，还以精致细腻的复古家具展现 18世纪的英伦风，得到英国女王的青睐。

(https://www.hualix.com/news/2019070403.html)

反观我国，时尚花店与现代花艺起步较晚，尚未形成风格化和体系化，但随着花卉及陈设软装装饰行业的发展，线上花店兴起，并与各行各业跨界融合（譬如兼具花店与书店功能的门店），这方面已逐步拉近与外国的差距。

总而言之，花卉时尚设计行业的理念与设计学科本身有许多共同之处，笔者相信花卉时尚设计行业会在时尚设计的发展道路上不断完善且大步向前 。

第3节•奢侈品时尚设计文化——系统时尚设计的典型代表

一切相互联系和影响的事物集合都可以视为系统。随着时代的发展，现代时尚设计领域所包含的要求、目的、条件和制约因素越来越多（不同于过去那种依靠设计师的主观和直觉来从事设计的传统模式），为了适应现代设计的要求，采用系统分析和综合的方法，将设计纳入科学的理性轨道，使感性的、直觉的设计在整个系统中成为其中有序的组成部分。

系统论方法为现代时尚设计领域提供了一个从整体、全局、互为的角度来分析研究设计对象和相关问题的方法。在时尚设计之初，就对产品功能、产品规格、产品用途、市场、使用者的需求、对环境的影响、企业设备、技术条件、经济条件等诸多方面进行系统分析，在此基础上才能做出合理的、有创造性的设计及构思，不仅能为产品设计指引一个好的方向，也提供了人、机、环境的系统设计方案。随着设计的发展，系统方法论将会有更多的成果出现。

受如今时尚领域消费和社交需求的影响，奢侈品受到的关注越来越多，对奢侈品品牌价值、品牌形象定位、客户群体、购买行为、商业战略等一系列的研究也愈加深入。具体而言，时尚和奢侈品领域在国际市场上的运作包括八类课程：

一、奢侈品时尚设计品牌分析和市场营销 (Brand Analysis and Marketing Strategies)

二、奢侈品时尚设计文化潮流趋势预测 (Trend Forecasting)

三、奢侈品时尚设计文化橱窗展示和时装策展 (Windows Display and Fashion Exhibition Shows)

四、奢侈品时尚设计文化产品生产产业链 (Merchandising Chains of Fashion)

五、奢侈品时尚设计文化中的定价学 (Cost Study and Selling Price)

六、奢侈品时尚设计文化关于目标客户分析理论 (Consumer Analysis Theories)

七、奢侈品时尚设计文化中的调研技巧 (Research Skills in Luxury Fashion De -sign Culture)

八、奢侈品时尚设计文化的广告分析与解码品牌 (Advertisement Analysis and De-coding)

奢侈品时尚设计文化是系统时尚设计的典型代表，体现在其奢侈品牌的时尚设计定位和时尚设计战略本身。西方的奢侈品时尚设计文化系统发展起步较早，相对来说，其时尚设计文化自成系统性的体系相对成熟。

时尚设计战略中的项目管理原本只是一种局限于某些时尚设计领域的管理理念（比如高定、

特许商务等），并一度被时尚设计文化企业家认为是锦上添花的流程，并没有什么实质的意义。然而，随着我国时尚设计业（尤其是时尚奢侈品业）的发展，时尚设计项目管理已经演变为影响公司所有职能的企业管理体系，从一个时尚设计企业中的子项目管理过程，变成一种时尚设计的业务流程。

值得提及的是，越来越多的时尚设计企业与公司把时尚设计项目统筹运作与管理作为生存的必要手段，好处是能增强时尚设计策略的实施和提高时尚设计管理活动的效率，帮助完成时尚设计组织的目标等。

总而言之，系统性的时尚设计越来越被时尚设计行业与企业需要，从事时尚设计项目管理的人员也因此日趋增加，时尚设计战略中的时尚设计项目管理遂得到广泛的应用。

反观我国，时尚设计项目管理的发展和公司水平参差不齐，可通过以下两个途径提升：

一、时尚设计中的奢侈品品牌管理已成为高校的开设课程之一，对奢侈品时尚设计的研究能够为我国时尚设计项目管理提供优良的系统性管理转型范式。

二、随着IMCP等相关项目管理的职业认证制度日趋完善，时尚设计企业需要的项目管理人才也需要获得更加全面的项目管理知识，这有助提高相应的水平。

第4节•图书馆时尚设计文化——社会创新时尚设计的典型代表

图书馆时尚设计文化作为社会创新时尚设计的典型代表，有必要先了解其悠久的历史。"图书馆"一词始于19世纪末，人们将固定用来藏书的场所称为"图书馆"，该词由日本传入中国。我国的"图书馆"是时代变迁的见证，并且作为社会创新时尚设计场所的典型代表。

我国的"图书馆"曾经历过漫长的发展变迁，周代的"盟府"可以说是我国图书馆的雏形，随后两汉的藏书场所代表（石渠阁、东观和兰台），隋朝的藏书场所代表（观文殿），宋朝的藏书场所代表（崇文院），明代的藏书场所代表（澹生堂），到了清朝，代表性的藏书场所便是四库全书七阁，至此，达到我国古代藏书场所的发展高峰。华夏文明之所以能够创造灿烂的文明，很大程度上是因为文化知识的积淀，而搜集、整理、记录时代文化的珍贵资料，正是保存在历朝历代的藏书阁和藏书楼之中。

我国从汉字的发明到藏书阁、藏书楼的大规模出现，再到近代图书馆的大量兴建以及现代数字图书馆的蓬勃发展，这一路历经了风雨，从发展的轨迹来看，不难发现每个时期的时尚设计文化基因。

随着时代的不断发展，传统图书馆虽然依然健在，但能够吸引年轻人的"时尚设计文化图书馆"开始在世界各国风靡，以下列举几个例子：

一、位于荷兰阿姆斯特丹的Lena Fashion Library

时尚设计文化产业的过度生产和过度消费正在给环境带来巨大的灾难，以下分别述之：

1、过度生产

印度蒂鲁普的"服装帝国"，每年都有上亿美元的收入，付出的代价是当地饮用水源被严重污染，造成初生婴儿的大量畸形或死亡。再拿时尚设计服饰界最普遍的时尚设计单品牛仔裤来说，从棉田到棉布再到送进洗衣机，一条牛仔裤竟然要耗费3480升水才做得出来，也就是说，生产一条牛仔裤浪费的水量足以让一个成年人饮用5年。不仅如此，在牛仔布料染色过程中，工人们每天不仅要忍受高温和臭气的煎熬，其产生的蓝色尘埃也正侵蚀着工人的肺，他们不少都患上了矽肺病，这种病到现在为止都没有特效药，得了矽肺病就如同被判死刑。

2、过度消费

在英国，人们拥有衣服的数量是30年前的4倍，每个人每年会买28公斤新衣服，全国每年消费172万吨时尚产品，与此同时，也有同等数量的衣服被扔进垃圾桶。而在荷兰，人们每年丢弃的纺织品，竟多达2.4亿公斤，一定程度上，产生了严重的环境污染。

此外，劳工人权得不到保障也是个问题。2013年，孟加拉拉纳广场大楼坍塌事故，造成几百

96

名纺织工人死亡，而在另一起工厂火灾事故中，因大门紧锁，导致在其中密集作业的100多位工人无处可逃而不幸遇难。

综合以上，时尚带来的美丽外表下，竟然隐藏着如此黑暗的一面，每一件新衣，都可能承载着生命所不能承受之重，也难怪Lena Fashion Library会应运而生（借的不是传统的书籍，而是时尚服饰与配饰），这是社会创新设计的典型代表，其倡导的理念是Own less, live more。

Lena Fashion Library的主理人Suzanne是荷兰一所大学里的服装系老师，她比其他人都更清楚时尚设计服装产业的潜在问题，设立时尚设计文化图书馆的用意便是在减少危害，同时满足人们对时尚设计文化的追求。众所周知，女孩子都爱买新衣服，可是往往没穿几次就扔到一边，制造出大量垃圾。如果可以像在图书馆借书那样，用完了就还回来，然后再借别的，如此循环往复，既大大地满足了女孩对时尚的渴望，又可以减少很多浪费。

Lena Fashion Library便是在此背景下诞生了，其简洁的设计、宽敞明亮的空间，让人觉得自然而温暖，一如这家时尚设计文化图书馆的理念——时尚设计绿色环保。同时，在时尚借阅服务流程上也做到简化方便，如同借书要有借书卡，在Lena Fashion Library借衣，也需要办一张借衣卡成为会员，然后你就可以把心仪的衣服带回家。最低的借衣卡每个月20欧元，借衣服的价格则是按点数来算，一般的衣服只要25点，设计版单品则在100到300点之间。据相关资料表明，在Lena Fashion Library借衣，一次可以借4件衣服，之后这些衣服就可以无限期穿，只要穿腻之后还回来，就又可以选其他款式的衣服。另外，如果会员真的很喜欢某件衣服，还可以用非常优惠的折扣价将它买下，要是有暂时穿不上的私货，也可以拿到店里和其他人共享，再用得到的点数换取自己喜欢的衣服，真是一举多得！当然，如果会员不小心把衣服弄丢了，需要按照"所借衣服"的全价进行赔偿。

也许有人会担心衣服的卫生问题，为了打消这个疑虑，Suzanne特意把洗衣机和洗衣液放在店里展示，因为每件还回来的衣服她们都会一一消毒洗净；另有人可能还会担心自己不懂时尚设计与时尚服饰搭配，这个部分，Suzanne也想到了，她和团队充分应用服装设计理念，针对客户群及个体差异，专门教授如何搭配、如何进行时尚设计。

此类型图书馆的新潮环保理念不仅吸引了众多爱美的女孩子，还有一大波设计师和品牌找上门（当你在店里逛了一圈，若还是没找到满意的衣服，设计师会给你专业的指导意见，由你亲自动手制作）。

像其他时尚设计文化图书馆一样，Suzanne也会不定期在店里举办一些讲座、沙龙和Party，让会员们聚在一起交流彼此对时尚的看法。

有了这样的服务和配套措施、难怪这家时尚设计文化图书馆一开张就得到许多女孩子的青睐，"借衣服穿"逐渐成为当地的另一种时尚。

在Suzanne看来，过度消费正是时尚产业最大的问题，市场应该更关注制衣工艺和品质，如此一来才能制造寿命更长的衣服，让消费者能共享，达到"循环使用、减少购买，让环保成为一种生活方式"的目标。Suzanne的时尚设计文化图书馆无疑做到了，不但深受荷兰女孩们的喜爱，还获得了荷兰2015年"最好时尚设计文化创业"大奖。当然，Suzanne的目光不止停留在荷兰，而是推广到全世界，让大家在追逐时尚的同时，也让环保的消费观深入骨髓，成为一种离不开的习惯，这也是她们一直坚持的理念——Own less，live more.

现在来谈谈该时尚设计文化图书馆所运用到的视觉识别系统，它运用了系统的、统一的视觉符号，将时尚设计文化图书馆的理念、文化特质、服务内容、企业规范等抽象语意的设计转换为具体的服务理念概念，塑造出独特的时尚设计文化图书馆形象。

时尚设计文化图书馆的视觉识别系统主要分为以下两方面：

1、基本要素系统

主要包括时尚设计文化图书馆名称、时尚设计文化图书馆标志、时尚设计文化图书馆的标准字、时尚设计文化图书馆的标准色、时尚设计文化图书馆的象征图案、时尚设计文化图书馆的服务宣传口语、时尚设计文化图书馆的市场调研与行销报告策划等。

2、应用系统

主要包括时尚设计文化图书馆等图书馆事务用品、时尚设计文化图书馆生产设备、时尚设计文化图书馆建筑环境、时尚设计文化图书馆的产品包装、时尚设计文化图书馆的广告媒体、时尚设计文化图书馆的交通工具、时尚设计文化图书馆的衣着制服、时尚设计文化图书馆的旗帜、时尚设计文化图书馆的招牌、时尚设计文化图书馆的标识牌、时尚设计文化图书馆的橱窗、时尚设计文化图书馆的陈列展示等。

二、位于意大利米兰的 Milano Fashion Library

米兰作为时装学院、国家时装商会和时装周的所在地，很多设计师和设计品牌都是在这里打响名声。前往米兰的人没有不去时装区购物，去无数人追捧的设计师精品店里追寻最新时尚潮流。在米兰这个时尚集结地，除了逛不完的时尚精品店，还有这么一个地方也将时尚汇聚在一起 ——Milano Fashion Library。

这是米兰时尚设计文化图书馆，作为米兰时尚圈儿的聚会地点，也是欧洲最大的专业时装时尚设计文化图书馆之一，不仅仅涵盖意大利和国际的杂志、书籍和趋势书，还有大量从过去到现在的CD，DVD。

该时尚设计文化图书馆的图书检索方式非常独特且便利，都是按照时尚设计的国别和图书的出版年份来分类。以国别举例，米兰时尚设计文化图书馆不仅有意大利的原版珍藏VOGUE，还有法国版VOGUE、美国版VOGUE、德国版VOGUE，俄罗斯版VOGUE等；以出版年份来分，甚至能追溯到18世纪的大部分典型代表性时尚设计文化的杂志资料。与其说**Milano Fashion Library**是时尚设计文化图书馆，不如说是一个时尚储备粮库，里面储备了非常丰富的时尚设计文化书籍、时尚设计文化杂志、时尚设计文化**DVD**等，能给时尚设计师带来多元的灵感。对于读者来说，**唯一**的小不足可能是 Milano Fashion Library的书不能外借，只能在馆内阅读或者复印扫描留存。

三、位于日本新泻县的圣龙町立图书馆

此图书馆的屋顶是根据当地风向而建造，房屋外形简化成标牌形状，设施信息使用黑白配色，图书类别则使用明亮活泼的色彩来进行划分，导视信息十分完善。此外，图书馆还拥有饮食区、会议室和书库等设施，旨在为当地居民提供良好的学习空间。

· · ·

四、位于日本福岛县白河市的白河市立图书馆

为读者打造清新干净的阅读环境，有弧形的天花板和良好的光照。另外，图书馆还设计一套简约质朴的导视系统，方便人们从不同角度获取信息，譬如使用无衬线字体、采用黑白配色（便于辨识）等。

此外，Icon的设计更加全面，例如书架上的字体比较大，户外的立式导视板和室内的标牌采用三角柱体（从各个角度都能看清）。还有，在书架的侧面使用白色的导视板，数字标识使用清新的颜色，储物柜使用灰色数字等，整体简洁干净，旨在带给人们舒适的阅读空间。

五、位于日本高知县的图书馆

拥有丰富的书籍库，图书种类多样，具有开放式阅览空间，提供图书、文件、各类信息等，并且支持城市学校的培训计划等功能。基于图书馆的书籍种类繁多，为便于人们快速寻找，设计了别具一格的支架标牌，以不同颜色的钢制立面支架，将书架进行详细的分类，使人能

一目了然。

六、位于保加利亚的阿尔贝纳市图书馆

海浪、沙滩这两个跟时尚设计文化图书馆毫不相干的词语，在保加利亚的黑海边却交互融为一体。阿尔贝纳市(Albena)的一家度假村在海滩上建了一家海浪沙滩时尚设计文化图书馆，馆藏图书超过2500本，涵盖数十种语言，游客可以免费借阅书籍，也可以留下自己国家的图书供人借阅。这或许是世界上最让人放松的时尚设计文化图书馆了吧？！

七、位于中国北京海淀区北部的时尚设计文化中心 。

这是海淀区政府投资10亿元的重大公共文化建设工程，在2016年6月29日面向公众开放，总建筑面积88100平方米，包括文化馆、档案馆、时尚设计文化图书馆、温泉中心等。其中，时尚设计文化图书馆的馆藏书数量为200万册。人们可通过手机等移动终端，免费下载首都时尚设计文化图书馆的图书、讲座、影视剧、

音乐等数字文化资源。

此外，海淀区的中关村软件园、东升科技园等5个高新企业园还安装了数字资源设备，包括数字图书、数字期刊等40台数字资源阅读终端，惠及高新技术企业近2000家和30多万企业员工。

八、邮筒时尚设计文化图书馆

时尚设计文化图书馆也许比你想象的简单，只需在家门口的邮筒里放上图书，就可以建立起自己的免费时尚设计文化图书馆，和整个社区分享图书。不需要繁琐的借书证、租金、滞纳金等，就可以轻松享受阅读的乐趣。据其联合创始人Rick Brooks称，这样小小的时尚设计文化图书馆已在世界8个国家24个州成立了三、四百个。

九、骡子时尚设计文化图书馆

2009年，在委内瑞拉Trujillo州的一座山上，孟鲍伊谷大学提供了一项特殊服务——在骡子背上设立流动时尚设计文化图书馆，让骡子把这些书送到农家孩子手中。

这或许是世界上"最接地气"的时尚设计文化图书馆 。

十、公交时尚设计文化图书馆

巴西热心市民Antonio da Conceicao Ferreira 做了一件不同寻常的事，他把自己经常乘坐的公交线路改造成了时尚设计文化图书馆（他每天在公交车的书报架上放15本图书，乘坐该线路的乘客可以自由取阅）。

这个移动时尚设计文化图书馆不仅帮助乘客打发坐公交的时间，还达到传播文化的目的。未来，Antinio有计划将这移动图书馆扩展到巴西利亚的所有公交线路上。

十一、电话亭时尚设计文化图书馆

英格兰南部的一个小镇原本有一个即将被拆除的废弃电话亭，后来小镇居民将这个电话亭改造成为时尚设计文化图书馆，里面放着图书、CD和DVD等，每天24小时开放，并有志愿者定期对其进行维护。

十二、户外时尚设计文化图书馆

这家户外时尚设计文化图书馆是意大利艺术家
Massimo Bartolini为艺术节所设计的艺术作
品，他在圣彼得修道院的葡萄园中放了12个绿
色书架，沿着坡道一排一排往上排列。在这里
阅读，不仅可以接受书本的熏陶，还能被大自
然的气息包围着，无论身体还是精神都得到了
滋养，多么惬意！

十三、书形时尚设计文化图书馆

这家时尚设计文化图书馆的奇特之处在于外观
是一个巨型的书架，停车场则是由当地人最熟
知的22个经典著作书名组成。此图书馆吸引了
游客前往参观，在鼓励市民阅读的同时，也振
兴了社区的经济发展。

十四、坦克时尚设计文化图书馆

这是由时尚设计文化激进艺术家Raul Leme-soff所设计，他在坦克上放置了约900本图书（全都由Raul免费提供，任何人都可以挑选阅读），然后驾驶这辆坦克从城市到农村，受到大家的一致好评。

坦克的外观无疑给人"武装斗争、战火燃烧"的感觉，如今却带给人们祥和安静的阅读机会，这个作品颇有"用文学促进和平"的潜在用意。

第5节·宠业时尚设计文化——动物友好时尚设计的典型代表

时尚设计文化发展的一个重要趋势是在人工智能和设计可持续的时尚设计基本原则下，探索出一种具有更多维度的、互动的交互性质时尚设计，包含人与物，人与环境、人与社会、人与机器、人与电脑软件、人与人，人与动物等的新型交互设计关系。

随着我国宠业时尚设计文化的自足完善，已逐渐实现这种新型交互设计关系，并且在宠业时尚设计大数据、宠业时尚设计人工智能、宠业时尚设计机器人服务、宠业时尚设计AR实践、宠业时尚设计交互与宠物联网系统服务APP、时尚设计智能宠物店环境、时尚设计宠物业系统交互体验等诸多方面开展研究与实践。此外，时尚设计的万物互联也已成为必然趋势，宠业时尚设计中的时尚设计生产设备、时尚设计家居、时尚设计配套车辆、时尚设计基础设施、甚至是时尚设计公共服务等都将链接云端。在此背景下，宠业时尚设计师不再是为某个宠业时尚设计产品的交互做设计，而是为宠业时尚设计智能系统进行设计，譬如宠业时尚设计无人便利店（设计师需要考虑的是业主与顾客在店里所有的行为会引发的可能性结果，以及针对假设及时有效地给予帮助和反馈）。

随着社会经济的快速发展和人民生活水平的提高，宠物越来越多地出现在家庭生活中，越来越多的养宠主人在"潮汐效应"的背景下，对"宠物寄养空间"的需求不断增长。

所谓的"潮汐"，指的是一种自然现象，是海水在天体(主要是月球和太阳)引潮力作用下所产生的周期性运动。社会学的"潮汐效应"乃指在工作时间里，人们大量聚集在CBD区域，下班后又向居民区大量迁徙的现象。这一现象产生诸多影响，对于有宠物的家庭而言，可能面临一定时间段的宠物无人照料或照顾不周的情况。因此，如何在降低商业空间成本，保证展售空间充足的前提下，帮助经历"潮汐效应"的宠物在独处时得到心灵舒缓和感受到家的温馨，这成为一个需要解决的问题。

基于社会潮汐现象，一个宠物家具展售空间的单一功能已经成为一种社会价值的浪费。作为一个宠物家具展售空间，客户不仅需要一个用品展售空间，还需要一些辅助时尚设计的体验空间，譬如宠物休息体验、爱宠主人交流体验、物品存放体验等，于是时尚设计体验空间内"宠物寄养空间"设计应运而生，在解决社会诉求的同时，实现宠物家具展售空间的商业诉求，达到宠物友好的目的。

以下针对"宠物寄养空间"的定义、需求、优势、设计思路、服务延伸等五方面，分别述之：

一、"宠物寄养空间"的定义

宠物寄养的定义是指宠物主在短期内无法照料宠物，将其寄托或托付给他人或第三方照料和看管的一种服务，而"宠物寄养空间"就是这种服务的载体（如同育儿空间）。此类"宠物寄养空间"一般是以实体空间为主，虚拟体验空间为辅。

· · ·

二、"宠物寄养空间"的需求

据统计，2010-2020年，中国宠物行业市场规模由134.4亿元增长至727.3亿元，年均复合增长率近20%，增速高于全球 (https://www.chinairn.com/hyzx/20220414/144726236.shtml)。也就是说，家庭覆盖率比例增高了。

随着我国居民收入提升和养宠人群的不断扩大，与宠物消费相关的商品和服务类型也不断丰富。与此同时，我国家庭宠物的角色在向"家庭成员"的角色转变，养宠越来越"拟人化"，导致拟人化的宠物服务行业快速兴起，"宠物寄养空间"设计遂成为宠物业的潜在需求。

三、"宠物寄养空间"的优势

早些年，寄养市场以传统宠物店零散寄养为主，主要作为辅助业态出现在宠物医院和宠物用品店中，但随着寄养需求的激增，宠物业也催生宠物寄养新业态，如家庭式寄养、上门寄养、宠物酒店等。

比起上门寄养，专业的宠物寄养空间有其优势，主要体现在以下三点：

1、对于宠物来说，宠物有自由、有玩伴、有温馨氛围，性价比高。

2、对于设计业来说，能实现空间设计的多功能性，实现"养宠人需求-宠物需求-设计需求"的有效串联。

3、对主人来说，舒心解决潮汐效应下的宠物养育需求 。

四、"宠物寄养空间"的设计思路

宠物寄养空间里的展售品本质是产品设计，而展售空间场景是环境设计，理清展售品和展售空间场景在创作环节的关系，这有助于提升宠物家具展售空间设计效率。

根据现代都市养宠人的"潮汐效应"，其需求也呈现潮汐性。举例而言，上班日和节假日会出现"供不应求"的情况，但在平日则会大幅度降低。这决定了"宠物寄养空间"设计仅能作为辅助业态出现于宠物医院和宠物用品店内，而未能成为主营业务。也就是说，不论宠物店寄养、家庭式寄养、上门喂养或者新型的宠物酒店模式，都尚未出现大规模的大型空间设计需求(500平米以上)，这意味着潮汐效应背景下的"宠物寄养空间"设计的服务对象以中小型空间为主，且业态内多以中小企业为主。

基于以上，空间展线设计服务应该基于宠物寄养的标准流程，打造标准化的家具售卖展线，并进而引导消费，比如在房型设计上，为了让猫拥有充分的自由空间，能够随心所欲地上蹿下跳，所以弃用猫笼，改用时尚而又不失宠物友好的开放式空间。与此同时，空间内的开放式家具和消耗品（譬如时尚宠物用品消毒柜,、时尚宠物玩具,、时尚宠物空间收纳箱、时尚宠物餐具、时尚宠物洗护美容用品等）也可借此展示售卖。另外，宠物接送、宠物殡葬等相关服务，也能带来收益和稳定的客户。

我国的大部分时尚宠物用品品牌还处在中小型自营店阶段，想要实现行业大规模连锁化，几十年前的时尚母婴行业的发展模式可借鉴，也就是先有品牌，再做区域性连锁，最后发展成为全国性连锁门店。

在选址上，"宠物寄养空间"的品牌方一般会选择靠近社区或购物中心。选择靠近社区的好处是能够就近服务社区用户，而邻近购物中心的门店则能够获取更多的客流。那么在装修上，也应该顺势而为，邻近社区的，需要将更多的生活气息融入到门店设计中；邻近购物中心的，则应该更多地展现商业展售气质（比如位于南京旧文化公馆区的宠物家具展售空间增加了民国历史文化的风格气息，同时兼顾南京地域的风格特征）。

五、"宠物寄养空间"的服务延伸

互联网的加持，宠物寄养平台相继出现，迎来一波时尚设计文化创业的高峰，例如小狗在家、人人养宠等家庭寄养，提供了宠物airbnb模式（宠物主可通过LBS定位，快速发现身边实名认证的寄养家庭，为爱宠找到适合的寄养家庭）。

总而言之，宠业时尚设计文化在探索时尚设计交互方面有长足的进步，实现宠物寄养空间的多样化和便捷性。

第6节·书籍装帧时尚设计文化——视觉传达时尚设计的典型代表

书籍装帧时尚设计是指从书籍文稿到成书出版的整个设计过程，也是从书籍形式的平面化到立体化的时尚设计过程。

书籍装帧时尚设计包含了时尚设计的艺术思维、构思创意和技术手法，内容包括书籍的开本、装帧形式、封面、腰封、字体、版面、色彩、插图、纸张材料的选择、后续印刷与装订、工艺等各个环节的艺术设计系统。

书籍装帧时尚设计的设计好坏会直接影响销量，因为视觉产生的效果很卓著，所以很多企业都愿意花钱请有资深经验的设计师来设计书籍。像书籍装帧时尚设计的这类设计是绝对需要大量经验积累的时尚设计门类，至于封面设计，那更是需要有扎实的功底。

整个书籍装帧时尚设计的书籍生产，其流程堪称繁琐，可能也与工业化背后要求的精细化流程有关，这真是一个要求有匠人精神的时尚设计事业。拿纸板来说，纸板应选用专为精装书籍和画册生产的书封壳纸板，并且储存时间需达到半年以上，因为这种纸板的收缩率小，可减少制作书封壳时发生形变的可能性。

书籍装帧时尚设计的工业生产流程如下：原材料选择—书芯加工—书封壳制作—书芯与书封壳胶装；书籍装帧时尚设计的排版设计环节流程主要有：标准版面创建—页眉设置—脚注形式—插图—插表的排版—各级标题的字号—占行及排版形式。

各大洲的书籍装帧时尚设计的流行时间和流行风格各有差异，欧洲近代书籍装帧多以皮革作为书封，选用以棉或木浆制成的纸张，印刷字则以罗马字母为主；亚洲的典型代表是日本，日式的书籍装帧时尚设计流行大概是在明治十年后，众多文人译介海外作品，首开先河的是丹羽纯一郎于明治十一年翻译印行的《欧洲奇事•花柳春话》。这本书的规格为四六版西式装帧，书本身为穿线平装，环衬与瓦楞纸封面粘合，其制书技术实为稚拙，然而这简便的手法在当时的人看来，反倒耳目一新，后来这种西式装帧本在以知识分子为主的读者之间就广为流行起来。当时一本书籍的装帧大概分为三个部分，即制纸、印刷、制本，后来日本又发展出和纸、和装本等本土技术，但真正推动日本装帧设计的是江户时期的"浮世绘"艺术与日本民艺之父柳宗悦发起的"民艺运动"。尔后，"白马会"体系中的长原止水、桥口五叶、杉浦非水等日本知名装帧艺术家又凭自身留学背景以及较高的艺术审美把"装画"带入书籍装帧中。简言之，日本的书籍融合了日、中、西洋三方的形式、技术与材料，采不同的运用比例，赋予书籍各式各样的面貌。

拿我国的《良友》月报来说，它创办于1926年，以时事，娱乐，艺术，文化，各地风土人情等生活相关的图片刊物，进入到中国大众的休闲时尚生活。自创刊起，封面，插画等工作皆是由万籁鸣、万古蟾等万家四兄弟扛起，在创办后的很长一段时间里，《良友》画报都是销量最高的月报。

再拿台湾的书籍装帧时尚设计领域的设计大师王志弘举例，他的书籍装帧时尚设计作品将台湾、中国、日本和西方文化元素巧妙地融合在一起，形成自己独具一格的设计风格，此乃古典与现代的相结合 。

(https://www.uisdc.com/wangzhihong)

总而言之，吸取他国的长处，截长补短，能让我国的书籍装帧时尚设计更上一层楼。

小结

时尚设计活动作为一个完整的艺术设计系统，包括时尚设计创作、时尚设计作品、时尚设计欣赏三个部分。时尚设计作品兼有使用价值和审美价值，它的使用价值在消费中实现，它的审美价值在艺术设计欣赏活动中实现。

一定程度上，时尚设计是时尚设计师造出的特殊语言，并把它凝定在其作品中。时尚设计语言就是时尚设计的符号系统，它传达社会的结构、传统、历史和文脉。时尚设计欣赏者只有解读这种语言，才能获得审美享受。当前，我国的时尚设计实践中，时尚设计批评对提高时尚设计质量、规范时尚设计行为具有重要的现实意义 。

时尚设计文化品牌通过综合型手段实现品牌文化、娱乐文化、营销文化的融合，与消费者实现最契合的情感沟通和多元互动，从而引导消费者积极关注并参与其中，尔后在整个"营销生态圈"内相互影响、融合，是一种生动化的营销方式。服务设计则能帮助品牌在全域上引导用户消费，帮助消费者实现价值。在这个过程中，统筹与策划的能力必不可少，服务设计师也将在该过程中实现协调者的作用，帮助规划、完善、落地及复盘的整个过程。

第四章/传播视域下的
时尚设计文化
与文学、影视

时尚设计艺术源于生活又再现生活，其中的时尚设计文学作品、时尚设计影视作品均是在现实生活的基础上进行思考，通过大众媒介得以再现与传播。

通过多元的时尚设计文化传播形式，对于时尚设计文化的形成与发展具有以下意义：

一、学者专家能通过文字和影像记录，探寻时尚设计文化的历史轨迹。

二、从历史轨迹的研究，逐渐完善时尚设计文化理论，对未来新时代背景下的时尚设计给予理论支持 。

· · ·

随着新时代的到来，中国进入全面小康的历史新阶段，实现了现代化，完成由农业文明走向工业文明强国的转变，并逐步信息化。

在此背景下，我国时尚设计文化发展面临新的机遇与挑战。随着一带一路经济的交流、多元文化的碰撞，时尚设计文化的融合也将面临较之以往更加复杂的情况。

综合以上所述，通过时尚设计文学、时尚设计影视以及时代背景下的新媒体传播方式，一定程度上，能引起相关领域学者的思考与研究，替时尚设计文化的发展提供可靠的资料与理论基础 。

第1节•中国时尚设计
文化与时尚文学

中国时尚设计文学着重描写时尚设计领域的生活，揭示内在基本矛盾和时尚设计背后的社会现象，同时承载与记录中国时尚设计文化的兴衰起伏 。

自中国出现时尚设计文化以来，便开始产生反映时尚设计文化生活的诗词歌赋和时髦风尚小说，这也是时尚设计文学的萌芽。我国改革开放之来，大规模的时尚设计建设率先展开，在国家的文艺政策和主流文学的引导下，时尚设计文学（尤其是小说）作为一个独特的命题，受到作家高度关注并在文坛迅速发展，一批批作家先后投身反映时尚设计建设下的文学创作之中。因此，梳理时尚设计文学的发展历程，实际上就是再现中国时尚设计的演进历史，对未来时尚设计文化的发展提供一定的参考资料。

"时尚"一词的在中文的基本释义为"当时的风尚"， 最早见于宋朝俞文豹的《吹剑四录》："夫道学者，学士大夫所当讲明，岂以时尚为兴废。"。时尚常与流行并提，但二者的概念与解释并不相同，好比时尚（即同英文fashion）意味着崇尚，意味着高度； 而流行（即同英文popularity）则指一段时间内整个社会的主流（潮流）风潮。《后汉书•马廖传》曰："城中好高髻， 四方高一尺。城中好广眉， 四方且半额。城中好大袖， 四方全匹帛。"这番描写长安市民的时髦着装打扮， 顷刻间历历在目，可谓当时的时尚文学， 这与当下小说里频频出现的"空气加八字斜刘海"、"韩式半永久眉毛"等富有生活气息的时尚设计文化元素有异曲同工之妙。

从文学的文字记录来看， 即使朝代更替，带来了社会文化、社会心理和时代审美观念的更迭， 但人群却始终追求时尚文化、追赶潮流。拿世界时尚设计文化中的典型时尚代表作《时尚通史》来说，此书追溯了各个国别、各个时期的典型代表性时尚作品，从古希腊、古罗马的垂裹服饰、中国唐朝的宫廷丝绸服饰、日本平安时代服饰、南亚地区传统服饰、早期美国原住民及前哥伦布时代的当地织物、欧洲文艺复兴时期、王政复辟时期和浪漫主义时期背景下的时尚设计服饰与装饰艺术、法国宫廷服饰等，到现代的运动服、成衣和高级定制服饰、英国时尚设计剪裁工艺、非洲地区蜡染和花式印花布、西非肯特织物、拉丁美洲典型代表性服饰等。书内包括1400幅高清时尚设计图片，算是较为全面、典型地展现了世界2500年来的时尚设计文化精髓，并将时尚设计文化史中的典型性社会历史变革、时尚设计文化背景与时尚大事件形成重点对照，便于读者理解，帮助读者在时尚设计文化中鉴往知来，同时反映出时尚设计文化和时尚设计历史事件对日常服饰所造成的影响。

中国时尚设计文学能追溯到19世纪六七十年代，随着资本主义生产关系在中国萌芽，时尚设计工业生产得以兴起。到了20世纪初，工人阶级队伍逐渐壮大，使得工人进入到作家的视域之中，开始出现反映工人生产和生活的文学作品，包括现代诗歌和现代小说，逐渐形成中国时尚设计文学，这也是中国时尚设计文化的折射与载体。

基于中国传统艺术再设计，从而重新发现中国元素的文学书目而言，善本出版有限公司出版的《传统艺术再设计——发现中国元素》是典型代表作。此书收录了600余个富有传统中国文化特色的图案纹样素材，包括民间戏剧脸谱、民间剪纸、传统年画等。该书还精选32个以中国传统纹样图案为主要设计元素或时尚设计再创作灵感的优秀时尚设计文化案例，同时分享了3位知名时尚设计师的前沿设计思路和时尚设计过程，帮助设计师和读者更好地了解中国传统文化的丰富内涵和可发展的方向，并将其运用到现代的传统文化时尚再设计中。

时尚设计文化对于文学创作来说是一种孕育着新生裂变的创新，能帮助文学创作更加时代化，同时刻录出文学艺术世界内部的速度与激情，积极促成时尚与文学之间最大程度的协同与通约，譬如当代青春文学中出现的大量奢侈品牌产品和高奢高档场所，通过细腻的文字展现时尚设计文化元素（这种高端时尚的新奇生活炫示，一定程度上，成为有价值的时尚设计文化"生活科普"）。

好的时尚设计文化文学作品在展现市井生活、传承优良文化的同时，应当让时尚设计文化元素充分参与到故事情节和人物性格的建构中，成为推动文学作品叙述的力量，这也赋予了社会与文化传承的意义。

第2节·中国时尚设计 文化与时尚影视

时尚影视是吸纳了优秀文学戏剧、传媒音乐、时尚舞蹈、艺术绘画等多种艺术形式的时尚综合体，同时又是能够广泛传播的大众通俗传播媒介 。

与时尚设计文学作品不同的是时尚设计文化题材的影视剧能够借助视听媒介，以形象生动、立体直观的方式再现我国时尚设计文化的兴起与繁荣、机遇与挑战。

中国中央电视台作为新中国影视业发展的领头军，时尚设计文化题材的电影广播电视作品也同样是发端于此。自新中国电影的摇篮（长春电影制片厂）在1949年完成了新中国的第一部故事片《桥》（这也是我国第一部以工业设计文化为题材的影片），我国的时尚设计文化影视业一直方兴未艾。

时尚设计文化也是一种工业文化，随着实体工业的主体产业地位的确立，时尚设计文化题材的影视也在不断努力通过影视剧的时尚元素，以时尚设计文化专题的影视剧、纪录片、电影等融入大众媒介。时尚设计文化影视作品作为传播媒介，彰显着不同历史时期的时尚设计文化和设计从业者的精神风貌，同时发挥时尚设计文化精神，成为最有利的记录载体。以下列举五部有关记录中国时尚设计文化的纪录片或电影，从中或许能窥视其样貌。

一、《时·尚》

2014年岁末，《时·尚》纪录片亮相中国中央电视台，为我国首部记录时尚设计文化的纪录片。在这部优秀的时尚设计文化纪录片中，导演以时尚的拍摄画面，共情的拍摄手法，情真意切地讲述近二十年来中国人对于时尚设计文化的投入以及时尚设计文化从业者在生活中探索时尚设计的点点滴滴，从而以小见大地映射时尚设计文化在我国的创新与变迁历程。纪录片总共有六集，在空间维度上，展现了北京与上海非凡的时尚设计文化建筑地标和城市风貌；在时间维度上，《时·尚》记录了我国近二十年以来的时尚设计文化发展历程，同时阐述多元视域下，不同的背景会产生不同的时尚设计生活与文化价值观，导致每个人对时尚都会有不同的解读。纪录片同时界定时尚设计文化本是一种生活方式，不一定非得是光怪陆离的时尚时装走秀或高高在上的高端定制时尚秀场，更不等同于大牌顶级明星。

当时尚设计文化遇到《时·尚》纪录片，人们惊奇地发现岁月流转积淀下的时尚设计文化本身就是精彩的时尚设计生活纪录片，这种人人参与其中所形成的群体性美好回忆，本身就是一种时尚。

二、《中国设计》

2019年，央视CCTV9播出了《中国设计》系列纪录片，通过记述中国的多位时尚设计文化领军人物的不同风格与时尚设计文化灵感来源，从而映射出我们正在经历从"中国制造"走向"中国设计"的积极正向改变。

· · ·

三、《中国时尚能不能》

2020-2021年，中国时尚设计文化纪录片《中国时尚能不能》是电商时代背景下，时尚设计文化发展的典型纪录片代表。该纪录片从时尚设计文化、时尚设计文化的产业供应链、时尚产业的零售业、时尚设计文化产业市场、时尚设计典型代表性创新企业，时尚设计典型代表性创新企业家及其创新模式等六大方面来记录和探讨中国时尚设计文化行业的变迁。

纪录片中同时还展现了时尚设计工厂员工如何与时尚设计企业聘请的独立设计师磨合的过程，体现了时尚设计企业的新模式。

时尚工作者唐霜在《中国时尚能不能》纪录片中，表达的观点主要有以下三点：

1、我国优秀的时尚设计师设计出许多热卖的经典产品，但这不一定就意味着时尚设计品牌与时尚设计企业本身的成功，因为时尚设计企业背后的时尚设计品牌创新理念和经营哲学才是保持品牌长久活力的必要条件，如果只将希望寄于一时的爆款，不利品牌的长久发展。

2、指出时尚设计品牌与企业在法律政策框架下运作的重要性。企业需要尊重且遵守我国的法律。

3、纪录片记录了时尚设计品牌可复制的发展前沿方法，例如积极拓展电商渠道、参与国际设计周等。一定程度上，国内蒸蒸日上的时尚设计文化市场为时尚设计师们提供了舞台和支持，从供应链方面解决独立设计师品牌的生产困难，再通过时尚买手店的销售渠道，有效地减轻设计师们创建实体店的压力。而就国际设计周而言，2021年上海时装周正式启动创新奖项，我国的时尚设计师陈鹏获此殊荣，100万元现金的奖励极大地助力他在国际时尚设计文化市场上的事业发展。

四、《无用》

该纪录片记录设计师马可筹备2007年巴黎春季时装周的整个过程，展现人与服装的关系以及手工艺的价值，由我国著名导演贾樟柯执导，获得了第64届威尼斯电影节单元纪录片奖。

在纪录片中，除了有设计师马可对时尚历史和时尚设计文化的感悟，还有时尚设计时装的华丽展现，也对比和反映时装周背后的人——那些在酷暑和灯光下努力为时尚设计默默付出的工人。

五、《苏丝黄的世界》

第二次世界大战后，以中国旗袍为首的中国服饰开始走向西方世界，其中的典型代表便是1960年的电影《苏丝黄的世界》。经热映后，这股具"东方主义"风尚色彩的风气愈刮愈猛。值得提及的是，1996年，英国设计师John Galliano 加入品牌 Dior，第二年即以"中国风旗袍"系列作为初试啼声之作，赢得满堂喝彩。

总而言之，我国自改革开放后，时尚设计文化电影业在各个时段都紧跟着国家工业建设发展的步伐。不可否认的，工业设计文化题材下的时尚设计文化影片反映了我国时尚设计文化的繁荣发展与建设中的积极作用，真实且生动地展现时尚设计文化的时代价值取向和精神风貌。

小结

时尚设计文学作品、时尚设计影视作品作为时尚设计文化传播与传承工业精神的重要媒介，是我国逐步走向时尚设计体系化、时尚设计现代化的传播记录载体，在民众当中有着广泛的影响力，并引起一定的共鸣。一定程度上，两者映射出我国迈向现代化过程中的国家政治、国民经济、大众思想、尖端科技等各领域的时尚历史与时尚面貌，同时生动地展现社会各个阶层在时尚设计变迁过程中的心理体验。

在时尚设计文化的传播下，对时尚文学作品、时尚影视片进行研究，能够深入且全面地挖掘时尚设计文化传播的大众路径，探寻时尚设计文化演进的未来趋势。

第五章/中国时尚设计文化产业

中国的时尚设计在融入文化和科技创新后，逐步形成我国的时尚设计文化产业，不仅产出了实实在在的产品，还带有人文艺术性和艺术审美的价值。

近年来，我国的时尚设计文化产业因国家的重视而得到飞速的发展，一方面，我国的时尚设计文化产品在国际消费市场上所占的比重在增加；另外一方面，我国时尚设计文化创意产业在国内市场的产值占GDP的比重却低于5%（如此低的比重，说明我国的时尚产品在制造上和生产上没有和GDP增长的速度相匹配，时尚产业产值对GDP增长的助力还远远不够）。

中国的时尚产业正处于不成熟的时期，也正是埋头奋进的时候。服装作为流行消费品的首位，必然会带动其他消费品类的设计和改变，这也是为什么国家对重点设计专业予以留学支持的原因，一边是国内这方面的教育与世界存在巨大差距；另一边又是时尚产业的真实需求。国内时尚产业（尤其是服装产业）面临品牌的断层、市场的无序竞争、学科开设混乱、独立设计师生存艰难等局面，国家此时的扶持正是"不破不立"的立。

时尚设计文化创意产业的核心是创造价值，不仅是经济价值，更重要的是文化价值 。无可置疑的，时尚设计文化创意产业已经成为当今城市文化和品位发展的重要动力，在体现民族文化的同时，也得适应时代与世界的方向，如此一来，它的价值才能更加显现出来。

时尚设计文化要发展，国际间的文化艺术合作和探讨必不可少，"设计"在国际文化合作中作为重要的一环，如何发挥其作用并推动产业已成为关注的焦点，譬如在荷兰举行的"中国——荷兰文化传媒论坛"上，以"创新产业与城市文化发展"为主题 ，从创意文化产业、创意设计文化、创意城市创新、创意传统文化等四大方向展开，具体且细致地讨论了其中的问题，一定程度上，推动了时尚设计文化创意产业的长久进步与未来发展。

"国际化"这一概念无疑已经在时尚设计文化产业上得到普遍认同，它使意识形态得到释放，有种从本土文化的限制中脱离出来的解放力量。当今时代已经没有什么可以阻止全球化，如何有效地了解自身文化，改造和超越固有的不足，继而创造出新价值，才不会被时代抛弃。需要注意的是——时尚设计文化创意产业的发展不是局限在形式上，而是要将文化灵魂及其深刻的内涵表现出来。唯有如此，中国时尚设计文化产业才能得到真正的进步与发展。

第1节•时尚设计文化旅游

文化旅游是最近几年才出现并流行的一个名词，广泛的定义是以人文资源为主要内容的旅游活动（包括历史遗迹、建筑、民族艺术、民俗、宗教等方面）；另有人认为文化旅游应属于专项旅游的一种，是集政治、经济、教育、科技等于一体的旅游活动。不管哪种说法，它的出现都与游客需求的转变密切相关，因为游客们不再满足传统的旅游方式，希冀从深度参与的体验过程中获得文化熏陶。

那么"文化旅游"与"旅游文化"又有何差别？前者属于旅游学的范畴，是旅游的一种类型；后者则属于文化的范畴，是文化的一个门类。简言之，文化能丰富文化旅游的内容，进而促进文化旅游的发展。在外延上，文化旅游是旅游文化的内容之一，也就是说，旅游文化的实际内容要比文化旅游丰富得多。

至于"时尚文化旅游"的定义，有以下两种说法：

一、旅游者对旅游资源文化内涵进行体验的过程。

以旅游文化的地域差异性为诱因，以时尚文化的碰撞与互动为过程，以时尚文化的相互融洽为结果，时尚文化旅游具有民族性、艺术性、神秘性、多样性、互动性等特征。它给人一种超然的文化感受，这种文化感受以饱含文化内涵的旅游景点为载体，体现了审美情趣激发功能、教育启示功能和民族、宗教的情感寄托功能。

二、泛指以鉴赏异国异地时尚文化、追寻时尚文化名人遗迹、参加当地举办的各种文化活动为目的的旅游。

寻求文化享受成为当前旅游业出现的新时尚，它是一种特殊的综合性产业，涵盖性大、关联性高、涉及面广、带动性强，从而成为新世纪经济社会发展中最易开展、最受欢迎和最具活力的新兴产业，内容包括历史遗迹、建筑、民族艺术、民俗、宗教等，几乎囊括所有的相关产业。

搞清楚"文化旅游"和"时尚文化旅游"后，现在来谈谈"时尚设计文化旅游"，它是时尚和旅游业相互交融所形成的一种新型旅游活动，以时尚遗产、时尚产品、时尚生产线、时尚工艺美术、工厂风貌、工人工作场景等内容为吸引物，经过创意开发，将其转化为旅游资源，满足旅游者审美、求知、求新、购物、观光等需求，除了能实现时尚设计文化企业的新范式，还能给企业带来不同程度的经济效益和社会效益。

20世纪50年代，法国雪铁龙汽车公司作为时尚设计文化旅游产业的第一个发起者，其初衷是为了让顾客对公司的生产有充分的了解，进而放心购买其产品，所以开放生产车间，让顾客参观汽车生产的组装线。这一活动取得了巨大的成功，公司因此效益大增，行业内其他公司也开始纷纷效仿。这种将企业的厂房开放给游客游览参观的行为就是时尚设计文化旅游的雏形，后来还发展到英国、德国等欧洲地区，逐渐形成规模。从此，时尚设计文化旅游的发展产生了生产流程型、文化传承型、创意产业型、工艺展示型、时尚设计景观型、时尚设计园区型和商贸会展型等类型，并进一步发展成主题公园模式、博物馆模式、时尚设计化模式、区域一体化模式等。拿博物馆模式来说，它是欧洲国家在时尚设计文化旅游产生初期发展得最为成功的一种模式，一般分为纪念型和体验型两种。纪念型时尚设计博物馆类似主题公园，通过对展览的解说，使参观者了解时尚设计史、时尚设计技术以及时尚设计产品，譬如英国的利兹设计博物馆、伦敦万国时尚设计产品大博览会、艾斯布里奇峡博物馆、布拉德福德时尚设计博物馆等；另一种体验型时尚设计博物馆则以互动和体验为主，通过让参观者感受、模拟工厂加工生产的过程或体验某项时尚设计技术的应用，从而对公司及其产品有更多的了解，譬如苏格兰威士忌文化遗产中心，游客不仅能在这里了解和体验威士忌酒的历史和制作过程，也能购买威士忌及相关纪念品。

总之，时尚设计文化旅游为旅游业探索出一条新途径，进一步拓展了旅游业的发展领域，完善了旅游产品的结构，带动了地区旅游经济的发展。与此同时，也促进了企业经营和管理水平的提高，增强企业的社会责任感，树立企业良好的社会形象。

回到我国，民众对于旅游的需求已经突破了传统的自然风光、文物古迹观光等，在此背景下，结合人们的旅游需求和时尚设计文化旅游的发展思路，中国开始出现新的旅游路线。

中国的时尚设计文化旅游产业最早起于20世纪90年代，在借鉴西方国家经验的同时，结合自身国情，发展了协同作业模式。从目前来看，我国的时尚设计文化旅游多呈现都市综合性，拿上海、天津、南京、青岛等城市为例，主要参观其著名的时尚设计企业，不仅能够为自己答疑解惑，还可以充分了解到企业生产的发展历程和感受到企业文化，这种参观过程也是受教育的过程，有助提升民众的知识面。

依据时尚设计文化旅游的理论认知和不同地区时尚设计的发展情况，时尚设计文化旅游可以进一步发展出城市型、商品型、中心型、景观型、扩展型、场景型、产品型、文化型、外延型、综合型等多种类型，譬如新昌南岩丝绸文化时尚设计园区、山西杏花村汾酒巡游、太原醋文化博物馆等。时尚设计文化旅游不同于一般的观光旅游，它在观光休闲的同时，还能满足游客的好奇心和求知欲（通过旅游来获知许多从未涉及的时尚设计知识和信息）。

时尚设计文化旅游对时尚设计的依附性十分强烈，它是企业发展的一个新的维度，是围绕着企业的经营宗旨和主营业务展开的。时尚设计文化旅游的开展，往往以产品为核心，为生产的产品服务，在企业本身、企业环境等客观因素的影响下，合理地选择是否发展时尚设计文化旅游以及以何种形式来发展。时尚设计文化旅游展现的是企业的自信，让游客走进生产车间与厂房，在众目睽睽之下生产，企业要有足够的优秀员工与相配套的管理措施，这对于企业而言，需要很强大的底气和勇气。所以，从企业管理的角度来看，将企业形象、生产操作、企业产品、企业文化等展示给公众，等于为企业引入了良好的外部监督机制，有利进一步加强企业管理的动力。不讳言地说，时尚设计文化旅游的开展有赖于企业管理者对时尚设计文化旅游的认识和正确估量，倘若经过评估，发现时尚设计文化旅游能给企业带来可观的社会价值，并带来经济利益，那么企业管理者就应积极促成时尚设计文化旅游的开发。

时尚设计文化旅游是一种多元化的集合经济群，无论是旅游者、企业，乃至社会都在时尚设计文化旅游的发展中受益（旅游者开阔了视野；企业提升了品牌，促进了销售，宣传了企业形象；社会提高了经济效益）。

企业通过发展时尚设计旅游所产生的价值可分为有形和无形。有形价值最直接的体现是门票收入和销售产品所产生的利润；无形价值就是通过时尚设计文化旅游活动的开展，促进旅游者对企业品牌产生好感，主动接受企业的广告宣传，成为企业的忠实客户群（这种无形的经济效益是巨大的，它推动企业不断地深挖潜力、创新设计、发掘市场、扩大影响力）。

对于企业来说，开展时尚设计文化旅游等于低成本做广告，将看点变为卖点，将游客变为顾客。此外，纪念品的销售进一步延伸时尚设计文化旅游的影响力，既承载着游客的旅游回忆，也能为企业增加一条获取收入的渠道。

时尚设计文化旅游还能弥补传统时尚设计污染过重的不足，成为一种环保型的新型时尚设计发展方向，为现代生活带来美好的社会环境，同时解决一部分的就业问题，对提升城市的现代化和竞争力、优化区域产业结构等，都能起到一定的促进作用。

那么。传统旅游和时尚设计文化旅游有什么不同？依托传统旅游资源开发出来的旅游产品，基本都是观光型产品，比较单一，而时尚设计文化旅游通过创新设计拓展了旅游产品的类别，从而能够更好地满足不同人群、不同档次、不同兴趣的旅游消费需求。也就是说，时尚设计文化旅游比传统旅游具更多优势，譬如酒泉的卫星发射现场、现代化的汽车组装线、钢花飞溅的钢铁厂等，带给人独特的观赏性，这种感觉在其他的观光游中是无法看到或体会到的。对于游客来说，近距离参观工厂，体验时尚设计文明，所带来的冲击感和新鲜感是前所未有的；再拿2009年建成的开滦国家矿山公园为例，该项目是国家首批建设的国家级矿山公园，馆藏上万件文物，其中一级文物48件、二级文物72件、三级文物326件。开滦矿山公园项目注重把文化历史留下来，结合现代时尚设计示范区和老唐山风情小镇共同开发，让人们通过旅游参观，从这里找到行业的发展轨迹，找到城市的心灵家园，找到国家的精神脊梁。

然而，时尚设计文化旅游的开展并不适用于任何时尚设计企业。一般来说，知名度高、影响力大、特色鲜明的企业，发展时尚设计文化旅游对游客的吸引力会更大。也就是说，时尚设计企业的科技含量、生产流程的复杂程度、生产设施的先进程度、企业的人文环境等因素都决定了时尚设计企业的旅游吸引力。拿目前开展得比较成功的海尔企业来说，很多游客能从海尔的产品展览馆、生产线、海尔研究院（海尔大学）感受到海尔精神，这为企业的发展注入了巨大的力量。

值得注意的是，时尚设计文化旅游必须注入文化底蕴和情感元素，不能只是看看宣传片、逛逛厂房、体验一下产品的生产，而是要把时尚设计的魅力与文化、历史、艺术、情感等紧密结合，并且相互渗透。

总而言之，时尚设计文化旅游为旅游业探索出一个新的模式，也为企业找到一条树立良好社会形象的新路径，同时为我国的产业结构调整出新方向 。

第2节·时尚设计文化遗产

文化遗产可分为物质文化遗产和非物质文化遗产，我国在强调保护物质文化遗产的同时，也强调了对非物质文化遗产的特别关注，比如整理及保存各种数据记录、关注传统时尚设计工艺的流程、图纸、企业档案等。

时尚设计文化遗产属于文化遗产的一个分支，提到时尚设计文化遗产，可能人们想到的是具有光鲜外表和看得见巨大价值的东西（好比文物），很难将那些老旧、失修、简陋的设备与之联系起来，但其实不然。拿2006年4月所通过的《无锡建议——注重经济高速发展时期的时尚设计遗产保护》文件举例，中国的时尚设计文化遗产被定义为具有历史学、社会学、建筑学、科技、审美价值的文化遗存，包括工厂车间、磨坊、仓库、店铺、矿山、相关加工冶炼场地、能源生产和传输的使用场所、交通设施、与时尚设计生产相关的社会活动场所、相关时尚设计设备、工艺流程、数据记录、企业档案等。

虽然对时尚设计文化遗产有不同的见解，但其存在的价值是大家所公认的，不管是历史价值、技术价值、社会价值还是艺术价值，对于城市、社会、人类来说，都具有重大的意义，所以从物质和非物质两个层面着手，更能全面地研究、保护和利用时尚设计遗产。

时尚设计的核心是技术，时尚设计文化遗产见证了科学技术对时尚设计发展做出的突出贡献。科学技术的每一次进步都会促进时尚设计的一次革新，推动人类时尚设计文明的再进步。时尚设计活动遗留下来的工厂、作坊、仓库等时尚设计遗产，代表了当时生产力的发展水平，可以说是技术发展和进步的产物；从另一方面来说，时尚设计遗产在成为遗产之前就造福了社会，为社会创造了巨大的财富，也为社会提供了大量的就业机会，蕴含着巨大的社会价值，也记录着城市曾经的辉煌，是城市记忆的一部分。对于前人来说，那是他们曾经奋斗过的地方，承载了一代甚至是几代人的热血和青春，充满了怀念之情。可以说，将时尚设计文化遗产进行合理地改造和利用，对于人们来说是一种情感的寄托与心灵的抚慰。其留下的企业文化和企业精神还会影响着下一代，甚至会成为激励他们不断进取的力量，有的甚至成为历史文化和爱国主义教育的基地。具体的时尚设计文化遗产还能够展示一个地区乃至国家的时尚设计化过程，代表文明的变革过程。时尚设计文化遗产可谓是时尚设计化时代历史信息的记录者，有助于人们追溯以时尚设计为标志的近现代社会历史，理解这一时期人们的生活和工作方式，为时尚设计文化遗产的保护和开发利用提供了一条重要的思路。

时尚设计文化遗产虽然不能像一般艺术作品一样进行观赏，但时尚设计建筑美学和机器美学为时尚设计文化遗产附加了艺术的价值，即使是破败不堪的厂房、人烟绝迹的车间、锈迹斑驳的机器，也能从艺术的角度散发出其独有的美学价值，这是不可否认的。很多时尚设计文化遗产中的时尚设计建筑目前仍是该地的地标，甚至成为城市的象征，具有丰富的审美价值。作为城市文化的一部分，时尚设计文化遗产无时不在提醒人们城市曾经的辉煌，为城市发展留下未来的导向。对于当代人而言，保护时尚设计文化遗产不仅是对历史、对前辈的尊重，还是对自己、对后代的负责。合理的改造和利用不仅避免了浪费，创造出更多的就业岗位，还能促进新的经济增长热点等，例如，将时尚设计文化遗产开发为博物馆、纪念馆、主题公园、创意产业园区、购物城、旅游区等。以下就博物馆、主题公园、创意产业园区、商业区、旅游区分别述之。

一、博物馆

在完整性和原真性的基础上合理利用与改造以时尚设计文化遗产为主体的博物馆，最终成为供人们纪念、学习和参观的一种模式，英国的铁桥峡谷博物馆就是其中的典型案例。根据联合国教科文组织世界遗产中心的资料，铁桥峡谷位于英国什罗普郡，是时尚设计革命的发源地，建于18世纪初，是世界上第一座铁桥，附近还有鼓风炉、采矿区、工厂、铸造厂、车间、仓库、巷道、坡路、轨道、运河、铁路等，与一些有着传统景致的房屋建筑共存。20世纪60年代末，此博物馆开始进行大规模的修复和重建，目前已形成一个由7个时尚设计博物

馆 、285 个保护性建筑为一体的旅游目的地
。

至于中国比较著名的时尚设计文化遗产博物馆
有江南造船厂博物馆、沈阳铁西区博物馆、青
岛啤酒博物馆、陕西大华时尚设计文化遗产博
物馆等 。

总而言之，时尚设计文化遗产博物馆在一定程
度上突破了常规博物馆关于展览空间和藏品的
限制，在遗址的基础上进行整体性的改造，以
具有技术价值、历史价值和文化价值的时尚设
计生产建筑、生产工艺、生产技术和机器设备
等作为展示主体，真实还原时尚设计活动的场
景，为观众带来视觉上的震撼与文化的盛宴。
另外，由于时尚设计文化遗产博物馆的整改力
度较小、成本较低，容易获得民众对于时尚设
计文化遗产价值的认同，从而提高保护时尚设
计文化遗产的意识，值得有关单位投入。

二、主题公园

主题公园模式对于时尚设计文化遗产来说是一
次新的生命，在进行保护的基础上重新利用，
以公园的形态调和时尚设计文化发展对环境所

造成的破坏，起到对环境改善的作用，譬如坐落于广州的中山岐江公园便是典型代表。该公园的前身是建于20世纪50年代初期的粤中造船厂，面对厂区内留有的大量造船厂房和相关设施设备，经过反复研究，在旧址的基础上，引入一些生态恢复、西方环境主义及城市更新的设计理念，实现将现代技术和地域文化、生态保护、时代记忆相结合的开发目的，彰显时尚设计文明迈向生态文明的过程。

主题公园模式是对时尚设计文化遗产本身价值的肯定，在尊重和保护历史的基础上，缓解时尚设计发展对环境造成的压力，同时为公众提供了一个休闲娱乐、寻找记忆的场所。

三、创意产业园区

当下对大城市时尚设计文化遗产的保护和利用，最常见的模式是时尚设计遗产文化创意产业园区模式。

时尚设计文化遗产创意产业园区是指以时尚设计文化遗产为主体，进行合理利用与改造，使之成为具有创造力的区域，实现生产、交易、休闲、居住等多种功能。这类的新兴产业主要包括广播影视、动漫、音像、传媒、视觉艺术、表演艺术、工艺与设计、雕塑、环境艺术、广告装潢、服装设计、软件和计算机服务等。

中国的时尚设计文化遗产创意产业园区以上海8号桥为典型代表，它原本是法租界的一片旧厂房，后来改建为上海汽车制动器厂，到了2003年，经时尚文化设计、改造成为上海的创意产业园区。该园区在房屋构成方面基本保持了原来的布局，只是做了一个功能上的替换，更多地设置大量的外部公共空间和半室内空间，方便人员交流和游客参观。

将时尚设计文化遗产改造成为一个创意园区，是对文化遗产的保护与再利用，为城市的发展增加一个新的、无需大动工程就可以拥有的亮点，对于宣传城市也是一个不错的方案。

四、商业区

当城市衰落、工厂拆除费用太高时，时尚设计文化遗产的商业模式是个不错的选择。也就是说，在区内增添一定的商业设施，将多种店铺作为一个整体来计划、开发和经营，并且拥有一定规模的停车场，为人们提供全方位的购物体验，譬如位于德国鲁尔区西部的奥伯豪森中心购物区原是个废弃工厂，现在则是全欧洲最大的商业购物中心，可以说是变废为宝。

五、旅游区

时尚设计文化遗产旅游模式是指以时尚设计文化遗产为主体，在完整性和原真性的基础上对其进行合理利用与改造，以时尚设计文化和时尚设计文明为主线，吸引人们前来旅游。时尚设计文化遗产旅游在欧洲开发得比较早，"欧洲时尚设计文化遗产之路"便是贯穿全欧洲的最重要交通网络，其基本结构框架包括英国、法国、德国、比利时、卢森堡、荷兰等欧洲国家，在时尚设计革命进程中形成具有突出价值的时尚设计纪念物。前一节已经对时尚设计文化旅游有所涉及，这里以对时尚设计文化遗产的保护与利用为切入点，重在时尚设计文化遗产被开发为旅游地之后，对其价值的肯定。这种肯定也是对城市历史的尊重，起到树立城市形象、宣传城市文化的作用。另外，旅游的展现形式很丰富多彩，如果能更好地宣传，其教育范围之广、力度之大是别的模式所不具备的。

· · ·

纵观以上几种常见模式，可谓各有利弊，在对时尚设计文化遗产进行保护和再利用的同时，必须结合各种开发模式的优势和特色，因为无论何种模式都不能直接套用到某一个时尚设计文化遗产的保护与利用上。拿坐落在长影老厂区的长影旧址博物馆来说，2017年，它被评为国家时尚设计文化遗产的旅游基地（这就是将博物馆和旅游区相结合的例子），成为东北三省唯一一家入选景区，也是国内唯一的国家级电影主题博物馆，完整保留了1937年"满映"（株式会社满洲映画协会）的建筑原貌。

更进一步说，国内的时尚设计文化遗产保护与再利用可以借鉴国外优秀案例，但是不能照抄照搬，毕竟每个国家与地区的经济状况与发展模式不同，既要综合考量国情及地区经济发展状况和发展模式，又要结合城市的格局和发展速度，做出慎重选择。

目前，对于时尚设计文化遗产的关注和研究，大多集中于时尚设计生产之后所产生的各种时尚设计文化遗产现象，对于中国历经千百年传承下来的技艺却没有足够的重视，换言之，还没有进入保护与利用的主流，这也成为未来需要关注和开发的方向。

不可讳言，我国对于时尚设计文化遗产的认识还有待提升，这可能与中国历史悠久、地大物博有关，很多东西过了几千年、几百年才开始重视。继传统时尚设计时代逐渐被信息时尚设计时代所代替之后，对时尚设计文化遗产的保护和再利用是大势所趋，譬如2021年中央一号文件提出要加强村庄风貌引导，保护传统村落、传统民居和历史文化名村名镇，加大农村地区文化遗产遗迹保护力度 (https://www.guancha.cn/politics/2021_02_21_581825_2.shtml)，从中可窥出这将是一个时代的呼声，会吸引更多人关注，因为对于后代人而言，一百本书也不及一个活生生的例子摆在面前。

第3节•时尚设计
与时尚工艺美术

时尚设计起源于英国时尚设计革命，崛起于20世纪20年代的德国，成长于20世纪30年代的美国。随着历史和地域的变迁，时尚设计的概念有过多种表述，国际时尚设计协会曾于2015年10月宣布时尚设计的新定义：**设计旨在引导创新、促发商业成功及提供更好质量的生活，是一种将策略性解决问题的过程应用于产品、系统、服务及体验的设计活动。**

综合方方面面，时尚设计具有以下特征：

一、是一种跨学科的专业

时尚设计是一种跨学科的专业，将需要解决的问题，提出可视化的解决方案，再通过技术创新解构问题。在此过程中，创造新的产品、系统、服务以及体验商业网络的机会，产生新的价值以及竞争优势。

现代的时尚设计是一个将创新、技术、商业、研究等，与消费者紧密联系在一起，共同进行创造性活动的过程，范围相当广泛，广义上涵盖了时尚文化视觉传达设计、时尚文化环境艺术设计、时尚文化室内设计、时尚文化建筑设计、时尚文化机械设计、时尚文化产品设计、时尚文化家具设计、时尚文化传播设计、时尚文化与设计管理等；狭义上则指产品的设计。可以说，时尚设计是一门随着现代时尚设计的兴起而产生的"以时尚设计产品的设计"为主要对象的产业。

二、受到地域文化的影响

"地域性的时尚设计"是基于各地区的自身情况，充分发挥各自的文化优势，且把这种优势通过时尚设计注入到企业和产品当中去，这不仅具有相互的促进作用，而且也形成具有地域特色的、个性鲜明的企业和产品，进而创造出巨大的产品附加价值。成功的产品设计不仅仅在经济上获得利润，它更是一件艺术品，展现出一个企业和一个地域的文化。

三、具有独特民族风貌

时尚设计的民族性是文化赋予它的固有特性，是基于民族生活的自然环境与社会环境所形成的，这些环境包括生产方式、生活习性、地理环境、气候条件、风俗习惯、民族性格、宗教信仰和艺术传统等。这些因素以直接或间接的方式或多或少地影响到各民族的一定时期的时尚文化产品设计，从而构成了绚丽多彩的民族产品，譬如欧美的时尚设计文化比较侧重人本，而日本的时尚设计文化则以成本控制见长。

时尚设计的民族性并不是一成不变的东西，不同的民族的交汇融合能相互影响和渗透，通过互相借鉴和模仿，更为广泛地体现出时尚设计文化的融贯性、丰富性、多样性和创造性。

四、是一个不断变异的过程

时尚设计是一个不断变异的**过程**，它不但在历史发展中有纵向的变化，在同一时代背景下，受到某种流行元素的影响，也会进行横向的变动。这种纵向与横向的变化成为时尚设计的主导潮流，形成特殊的时尚设计风潮。

时尚设计所设计出的产品，其造型、色彩、功能以及整体风格在一个时期会出现迅速传播并盛行的现象，这种现象可谓时尚设计的流行性，例如日本索尼公司的产品设计长期以来一直引领时尚流行的趋势，其设计强调简洁大方、注重产品的功能性和美观性，产品受到东西方国家的共同接纳。

五、具有鲜明的时代特征

时尚设计具有鲜明的时代特征，不仅能反映出不同时代的物质生产水平，还反映出人们的意识形态和生产方式。时尚设计本身就是文化的产物，因为它通过特有的方式传达了技术的物化美，并且体现出商品社会中文化的价值取向，满足人们不断增长的物质需求和精神需求。从某种意义上来说，特定时代的时尚设计总是体现着那个时代的社会风貌和生活理念。

· · ·

总之，各民族、各地区之间的时尚设计有着不同的特质，体现了不同的时尚设计类型。随着民族的交往和地域之间的交汇融合，时尚设计也随之进行着互动和交流，也就是说，通过时尚设计文化的传播，不同民族，不同区域的时尚设计发生着互动、冲突、渗透、排斥、借鉴、模仿、融合等现象，出现你中有我、我中有你的互补特征。

时尚设计作为人类的共同文化现象，这些共性便成为各民族时尚设计文化交流的共同基础。纵观时尚设计的发展历史，其中不乏各民族、各地区之间不同风格的时尚设计产品经交流融合而共同发展的例子。

时尚设计要从本民族、本地域的实际情况出发，尊重历史，体现民族文化，并在此基础上不断创新。这种创新的动力来自于对历史文化的挖掘与研究，以及对本民族价值观念、风俗习惯、思维模式的重视和理解。因此，时尚设计绝不是抄袭和模仿，而是通过提炼、归纳、重新阐释等过程，接着运用到设计中。只有深刻了解历史，吸取其精华，才能搞清本民族的价值观念、思维方式、审美情趣，也才能体现民族的传统文化，更好地体现时尚设计的创新精神。

提到时尚设计就不得不提时尚工艺美术，两者都视"推动设计发展"为己任，且都坚信设计对生活、社会、文化的重要意义。

由于世界各地的地域原因和文化差异，人们对时尚工艺美术有不同的见解，一般来说，时尚工艺美术指的是由劳动人民手工创造的产品，既有文化属性，又有经济属性；既是艺术形态，也是生产形态。

时尚工艺美术产业目前已发展成为具有较高文化价值、经济价值、社会价值和市场价值的新兴产业，它将技术与艺术、感性与理性、功能与形式、实用与审美等各种因素综合在一起，进行文化整合，同时完善产品的诸多功能，从而获得多方面的综合效益。

早在新石器时代，中国在手工产品制造中就体现出很强的实用性和艺术性，从人类制造的第一件工具开始，时尚工艺美术就诞生了。随着历史的变迁，文化技术水平的提高，审美观念的转变，中国时尚工艺美术以造型各异的工艺造物样式，彰显着中华民族的文化精神和审美意识。在时尚设计时代，中国的时尚工艺美术在研究上重视传统、重视民间，以精美的手工艺产品体现对大众生活的关注，对中国的发展无疑起到促进现代时尚设计生产的作用。

时尚工艺美术是艺术与技术的结合，它甚至将时尚设计纳入到自己的体系，成为当代新形式，目标是用艺术来塑造有价值的生活。手工时代的设计与时尚设计时代的设计是相通的，其核心内容是为大众服务、为生活服务，更有着"艺术要用来改善人们生活"的理想。

就我国而言，时尚工艺美术这个概念虽然是来自国外，但其内在精髓却是从中国古代和中国民间走来。中国的时尚工艺美术既属于民生产业和传统产业的范畴，又具备创意产业和朝阳产业的属性，体现出"立足传统、与时俱进"的发展规律 。

在时尚工艺美术的门类中，时尚设计陶器烧制技艺、时尚设计木雕雕刻技艺、时尚设计龙泉青瓷烧制技艺、时尚设计竹编柳编草编编织技艺、时尚设计漆器髹饰技艺、玉石雕刻时尚设计、手工制瓷技艺时尚设计、时尚设计金属锻制技艺、手工制纸技艺时尚设计、时尚设计扎染、时尚设计刺绣、时尚纤维艺术等，都是时尚设计文化与我国传统非物质文化遗产技艺相结合的典型代表。也就是说，时尚设计生活在变，时尚设计器物也在变，如何借助时尚设计将非遗文化引入当下人们的生活，让时尚设计与时尚工艺美术相结合，一定程度上既是时尚设计文化学术研究的课题，也是非遗背景下的时尚设计从业者的期盼。

以下就时尚工艺美术的典型代表，择取三项分别述之：

一、苗绣

2006年，苗绣入选第一批国家级非物质文化遗产名录中，经打造"酉州苗绣"非遗工坊，带有苗绣特色的精美服装、灵巧的小饰品开始走上市场，让全乡"绣娘"靠着这些"针线活"成功脱贫，日子过得越来越红火。

二、扎染

距今有1500年历史的扎染是中国古老的织染手工艺之一，是我国首批非物质文化遗产，现主要分为自贡、大理、彝族和白族扎染。

扎染是织物在染色时局部结扎起来使之不能着色的一种染色方式，通过各种捆扎技法与染色技术，染成的图案多变且独一无二，令人惊叹。

在上世纪嬉皮士运动期间，就可以看到扎染这门工艺的流行（他们从二手服装市场购回基础装，然后DIY创造独属于自己的T恤、短裤等，不少嬉皮士还喊出"自己制作自己的衣服"的口号）。

现代扎染运用了防染科学技术和各种特殊的工艺手法，区别于传统的"三染"，更具现代的审美意义，不仅跨越了不同文化、不同性别以及不同的时尚定义，还保有独到的美学，也传承着历史的绚烂。

三、时尚纤维艺术

时尚纤维艺术是艺术家利用一些与人类最具亲和力的材料，以传统编织、传统环结、传统缠绕、传统缝缀等制作手段来塑造设计基本要素（如平面、立面和空间装置形象）的一种时尚艺术形式。

传统的纤维艺术起源于人类的历史在进入定居和农业文明时期，也就是说，纤维材料在人类的造物中占据了全部的历史。纤维艺术的历史既包括零星散落在民间的不同纤维材料的初创与演变的历史，还包括初创时期人类对纤维材料的广泛选择和随机创制的历史，最后是纤维艺术随着技术成长而达到复杂成熟以及随织物而沉积历史的情感时期。

时尚纤维艺术是经久不衰的时尚，从20世纪6、70年代起，时尚纤维艺术开始有了国际化的革新，除了时尚编织外，还出现时尚钩编、时尚打结、时尚缠绕、时尚打褶、时尚绑扎、时尚经纬编织等。

现今，很多时尚纤维艺术家们开始探索时尚织物的纤维品质，并在工艺美术和材料的开拓领域上取得了显著的成果。

综合以上，如果能鼎力打造优秀传统文化的"时代价值"，从而创造一些既传统又时尚的产品，无疑是创新的表现（例如有些国货品牌巧妙融入刺绣、扎染、戏剧、茶禅等经典传统元素，令人耳目一新）。

不讳言地说，"复古国潮"现今已成为一种时尚，既展现了传统文化产品的内涵和艺术价值，又提高了传统文化的精神高度，让人们窥探出当代中国人的精彩生活风貌，这充分证明优秀的传统文化也可以成为时尚工艺美术的内核底蕴和跨界IP。然而，时尚工艺美术行业的发展也有诸多亟待解决的现实问题。为此，时尚设计文化发展中心于2015年组建了国家时尚工艺美术产业公共服务平台，通过此平台，推动国家时尚工艺美术业的经济增长，带动整个时尚工艺美术行业的发展。在2016年发布的《关于推进时尚设计文化发展的指导意见》中也可窥见国家的重视，好比时尚工艺美术首次被列入时尚设计文化产业，并加强对传统时尚工艺美术品种和技艺的保护与传承，积极引导企业运用新技术、新工艺、新材料、新设计去发展时尚工艺美术产业。此外，还成立了一批示范性时尚工艺美术特色区域和大师工作室，打造时尚工艺美术特色区域品牌。对于时尚工艺美术产业的发展而言，这样的改变和推动具有时代的重要意义。

小结

中国的时尚设计文化历经百年的发展，留下了许多可喜成就和宝贵经验，但也不可避免地留下许多教训。中国时尚设计文化的未来充满机遇和挑战，对中国社会的未来发展有着举足轻重的意义。

时尚设计文化产业的发展离不开人才和企业的支持，通过践行创新精神、弘扬工匠精神、倡导诚信精神、发扬设计精神等，从而优化和再造时尚设计产业的文化体系。迄今，全球已有二十多个国家占据国际制造分工链条的上游高附加值区域，这些国家将时尚设计产业化的发展纳入国家战略，作为提升国家软实力的重要手段，其中就包括中国。

结束语

时尚设计文化发展的过程中会创造出新的时尚设计文化产品、系统、服务、体验和商业网络机会，同时产生新价值以及竞争优势，对中国社会的未来发展有着举足轻重的意义，值得深入探讨与研究。

参考文献

一、专著

1. 马瑾，娄永琦，编．新兴实践：设计的价值、专业与途径［M］．北京: 中国建筑工业出版社， 2014: 97.

2. (美)布鲁斯•布朗，理查德•布坎南，卡尔•迪桑沃，丹尼斯•当丹，基普•李，维克多•马格林，拉米亚•马泽主编．设计问题：服务与设计［M］．孙志祥，辛向阳，谢竞贤，译．南京：江苏凤凰美术出版社，2021

3. (意)埃佐•曼奇尼．日常的政治: 韧性社会的生活项目［M］．钟芳，译．南京: 江苏凤凰美术出版社， 2020: 1.

4. 中央美术学院设计史论部，编译．设计真言［M］．

南京: 江苏美术出版社，2010: 684.

5. (美)维克多•帕克耐克．为真实的世界设计［M］．周博，译．北京: 北京日报出版社，2020

6. (荷兰)孙洁，(瑞士)伊丽莎白•菲舍尔．奢侈品设计之灵-当代时尚与首饰［M］．上海：同济大学出版社(中文版)/美国ORO Editions出版社(英文版)，2021

7. 凌继尧．艺术设计十五讲［M］．北京：北京大学出版社，2006

8. 尹定邦，邵宏主编；邝慧仪等编著．设计学概论全新版［M］．湖南长沙：湖南科学技术出版社，2017: 59-66.

9. 尹定邦．设计学概论［M］．湖南长沙：湖南科学技术出版社，2003

10. 柳冠中．事理学论纲［M］．湖南长沙：中南大学出版社，2006

11. 张福昌．现代设计概论［M］．湖北武汉：华中科技大学出版社，2006

12. 王受之．世界现代平面设计史［M］．广东广州：新世纪出版社，1998

13. 陈瑞林．中国现代艺术设计史［M］．湖南长沙：湖南科学技术出版社，2002

14. 田自秉．中国工艺美术史［M］．北京：知识出版社，1985

15. 刘国余．设计管理［M］．上海：上海交通大学出版社，2003：25—26.

二、期刊文章

1. 陈伟才．中国宠物行业现状和发展趋势［J］．中国洗涤用品工业，2019(08):56-59.

2. 胡杨，张艳荣，于晶．我国宠物行业的现状与前景［J］．知识经济，2018(10):50-51.

3. 焦斌．基于情感化的宠物猫家具设计研究［J］．

河南财政税务高等专科学校学报，2013，27(04):95-96.

4. 陈伟才．中国宠物行业现状和发展趋势 [J]．中国洗涤用品工业，2019(08):56-59.

5. 王立增．猫的习性趣谈 [J]．农村经济与科技，2001(01):29.

6. 邹亚洁，张帆，车哲万．宠物家具设计探析 [J]．家具与室内装饰，2017(08):28-31.

7. 刘芙蓉，尹欢．基于4R原则的纸质宠物家具设计探析 [J]．包装工程，

2016，37(02):160-163+178.

8. 魏文超，朱林峰，顾浩飞．以猫为研究对象的宠物家具设计研究 [J]．

工业设计，2019(10):73-74.

9. 马豆豆．"宠物友好"理念在家具设计中的实现——以宠物猫家具设计为例 [J]．艺术教育，2019(02):213-214.

10. 薛拥军，付佳琪，陈慧怡．sss陪伴式宠物家具的设计研究——以猫家具为例 [J]．家具与室内装饰，2020，

No.258(08):9-11.DOI:10.16771/j.cn43-
1247/ts.2020.08.001.

11. 李雨佳，叶喜．sss宠物猫家具设计在情
感化与功能美学中的研究 [J]．家具与室内装
饰，2016，

No.207(05):35-
37.DOI:10.16771/j.cnki.cn43-
1247/ts.2016.05.011.

12. 李志斌．sss基于可拓创新法的宠物猫智
能家具研究 [J]．家具与室内装饰，2021，

No.269(07):134-
137+137.DOI:10.16771/j.cn43-
1247/ts.2021.07.025.

13. 邹亚洁，张帆，车哲万．sss宠物家具设
计探析 [J]．家具与室内装饰，2017，

No.222(08):28-31.DOI:10.16771/j.cn43-
1247/ts.2017.08.007.

14. 郝幸田．旧工业设计厂房的保护与利用 [J]
．企业文明，2009(4)：71.

15. 冯蕾．国内外工业设计文化旅游研究综述 [J]．山东时尚设计技术，2016(3)：238.

16. 吴相利．中国工业设计文化旅游产品开发模式研究 [J]．桂林旅游高等专科学校学报，2003，14(3)：43-47.

17. 刘抚英．欧洲工业设计道产之路初探 [J]．华中建筑，2013(12)：139.

18. 吴胜蕊．工业设计遗产保护之培育型主体研究—以郑州市为例 [J]．遗产与保护研究，2016(5)：39.

三、学位论文

1. 周海燕．湖南省时尚设计文化旅游发展与开发对策研究 [D]．

湘潭：湘潭大学，2015：12.

2. 刘芙蓉．交互视角下的宠物家具模块化设计研究 [D]．山西太原：太原理工大学，2015

作者介绍

一作：张爱科

扎实科研，专著一本，学术论文多篇，曾任某名校教研室中层干部。

二作：赵瑞洁

江苏南京人，海内外艺术设计竞赛展览获奖40余项，现有专利1项，软件著作权1项，主持创新创业项目1项，是汀兰堂（陈设及景观）设计工作室主理人兼艺术总监，也是中国管理科学学会的高级创业指导师，曾考取国际建筑装饰室内设计协会 B级荣誉，也曾执教国内高校，现居英国，为英国南安普顿大学WSA全球智能实验室研究助理。

出版社介绍

如意出版社（Luyi Publishing）在英国注册，致力于将优秀作品介绍给全球读者，联系方式如下：

邮箱1： Luyipublishing@163.com

邮箱2： Luyipublishing@gmail.com

教材优质合
作机构推介

教材优质合作机构推介:

一、ARTSY STUDIO

ARTSY STUDIO 立足于中国的国际艺术设计交流平台,引入先进的欧美教学理念和教学模式,多元化的课程体系在艺术设计学的多个领域为世界各地的设计师、艺术家、艺术设计学生提供高端教育培训、艺术申请作品集咨询、艺术生涯规划等最专业的艺术教育服务。我们与世界博物馆、海外艺术高等院校携手,为热爱艺术的您提供优质服务。ARTSY STUDIO 定期邀请各领域名师举办多种主题workshop,我们也指导学生积极参与国内外知名艺术大奖赛,满足学生的多元需求。

（欢迎扫码或官网留言咨询，或者致电17721526935向ARTSY STUDIO小助手咨询。）

二、阿金尼国际艺术教育咨询（阿金尼作品集工作室）

这是一家专注于"国际艺术教育、作品集培训、艺术留学规划"的国际化教育咨询品牌。中国总部位于吉林省长春市，在长春多区域有教育咨询网点，是东北地区极为专业的国际艺术教育咨询机构（工作室）。

（欢迎致电13844066831向Argine小助手咨询。）

三、汀兰堂时尚花艺教育

汀兰堂时尚花艺教育源于热爱与分享，线上线下承接各类中高端会展花艺布置、室内外花艺微景观设计、时尚花艺软装等空间花艺项目，同时提供各类室内软装设计培训与时尚科系的国际赛事指导，欢迎致电15651032317向汀兰堂小助手咨询。

ARTSY STUDIO INFORMATION

南京校区
南京市秦淮区汉中路89号金鹰国际中心A座F9
东京校区
180 0022 東京都立川市曙町二丁目30番
17721526935
国际艺术教育中心
www.artsyedu.com